国学启智课

德行

佘亚斐 —————— 编著

全 国 百 佳 图 书 出 版 单 位
时代出版传媒股份有限公司
安 徽 人 民 出 版 社

图书在版编目（CIP）数据

国学启智课·德行／余亚斐编著.—合肥 ：安徽人民出版社，2019.4

ISBN 978 - 7 - 212 - 10497 - 9

Ⅰ.①国…　Ⅱ.①余…　Ⅲ.①国学–青少年读物　Ⅳ.①Z126-49

中国版本图书馆 CIP 数据核字（2019）第 063220 号

国学启智课·德行

余亚斐　编著

出版统筹:徐佩和　　　　　　　　责任印制:董　亮

责任编辑:李　莉　肖　琴　　　　装帧设计:宋文岚

出版发行:安徽人民出版社 http://www. ahpeople. com

　　　　合肥市蜀山区翡翠路 1118 号出版传媒广场八楼

　　　　邮编:230071

　　　　营销部电话:0551-63533259　0551-63533257

印　　刷:合肥华云印务有限公司

开本:710mm×1010mm　　1/16　　印张:10　　字数:160 千

版次:2019 年 4 月第 1 版　　2024 年 6 月第 5 次印刷

ISBN 978 - 7 - 212 - 10497 - 9　　　　定价:32. 00 元

导读

习近平总书记说:"博大精深的中华优秀传统文化是我们在世界文化激荡中站住脚跟的根基。"他还在文艺工作座谈会上提出"要结合新的时代条件传承和弘扬中华优秀传统文化"。开展国学教育是传承和弘扬中华优秀传统文化的重要途径。

国学的产生距离今天已经久远,时代变了,社会状况、思想文化要求以及人们的行为习惯也都发生了巨大变化。所以,今天的人们在面对浩如烟海的国学典籍时,经常面临着如何走进国学、鉴别国学和学习国学的难题。《国学启智课》这套书正是在反思、回应这些难题。作者从事国学教学、研究多年,深知国学学习的要点和难点,精心编写了此套简明易学、一看就懂的国学丛书,帮助读者深入经典、启发智慧、涵养性情、完善人格。

全文译注,扫清障碍。大多数的国学典籍由文言写成,文言所使用的字义基本是汉语的原初意义,随着时间的推移,汉字的意义在不断引申和延展,很多与现代汉语已经大相径庭。现代人读起古文来,自然会产生陌生感,又容易望文生义,做出错误的理解,所以,我们初学国学,需要借助一定的注释和翻译。《国学启智课》为每一篇古文配有译文,对古文中的难字都加上了拼音和注释，为读者走进国学扫清文字上的障碍。

回归经典，关照现实。中国历史悠久，每一个时期都产生大量的典籍，有些国学典籍中的思想内容可以跨越时空的距离，在今天仍然发挥着积极作用，还有一些则已经不再适用于当代社会生活，甚至相违背，所以，学习国学，需要以理性的态度对国学典籍加以鉴别和选择。《国学启智课》以国学经典为基点，以当代精神为视域，从国学经典中挑选出两百余篇古文，力图在回归经典的同时，关照现实，做到经世致用。

经史子集，多元开放。国学是丰富而多元的，既有经学的道德智慧、诸子的多元思想，还有厚重而不失趣味的历史记载、优美而动人心弦的诗词歌赋，国学正是在百家争鸣、百花齐放中散发着格外的魅力。由此，《国学启智课》根据传统典籍经、史、子、集四部分类法，将全书分为德行、史事、智慧和诗赋四卷，以开放多元的视角，全面展现国学的思想内容。

转识成智，身心和谐。国学是知识，更是智慧。学习国学，不仅仅是掌握古文的字义、熟读古代文献、了解历史常识，更应当在知识的学习中提升人生的修养与智慧。如果只做知识上的表面文章，学习国学便是舍本求末了，所以我们还需要努力地化知识为德性，化理论为智慧，让传统文化活在当下，服务现实的人生，促进身心和谐，达到人生的幸福。

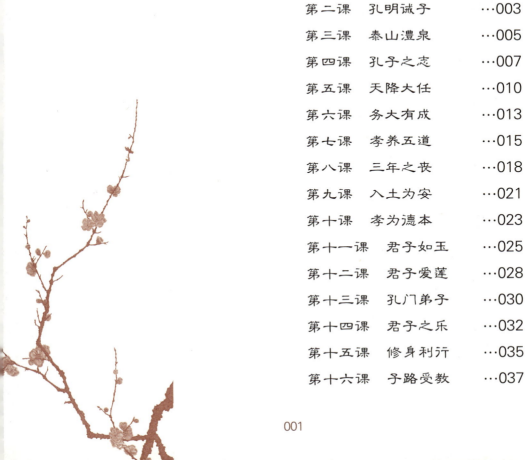

目录

第 一 课
师旷论学

晋平公问于师旷曰:"吾年七十,欲学,恐已暮(迟,晚)矣。"师旷曰:"暮何不炳烛(燃烛照明,比喻日夜不辍,好学不倦)乎?"平公曰:"安(疑问词,怎么,岂)有为人臣而戏其君乎?"师旷曰:"盲臣安敢戏其君乎?臣闻之:少而好学,如日出之阳;壮而好学,如日中之光;老而好学,如炳烛之明。炳烛之明,孰与昧(昏暗不明)行乎?"平公曰:"善哉!"

译 文

晋平公问师旷说:"我七十岁了,想学习,恐怕已经晚了。"师旷说:"晚了为何不燃烛照明啊?"平公说:"当臣子的怎能戏弄君王?"师旷说:"盲臣哪里敢戏弄君王呢?我听说:一个人在小时候好学,就好像初升的太阳;年轻时好学,就好像中午的太阳;年老时好学,就好像燃烛照明。行走在路上,是燃烛照明好还是一片漆黑好呢?"平公说:"说得好!"

理 解

　　本篇出自《说苑·建本》,讲述了学习的重要性以及终生学习的道理。学习可以启智、明道,不学习的人就好像行走在夜路上一样,既不能反思过去,也不能明白当前的处境,更加难以合理地安排未来。学习可以提升自己,可以改变命运。师旷认为,学习是贯穿终生的事情,不管是少年、青年,还是老年,都要坚持学习。好学的人好像有光明在心中,少年时是初升的太阳,年轻时是中午的太阳,年老时虽然光源有些黯淡,但是仍旧可以燃烛照明,让人明白事理。

国 学 常 识

　　1.晋平公:春秋时期晋国君王,公元前 557—前 532 年在位。

　　2.师旷:字子野,春秋时期著名乐师,晋国大夫,博学多才,他精通音乐,善于弹琴,生而无目,所以自称盲臣、瞑臣。

　　3.《说苑》:作者刘向。刘向在校书时,根据皇家所藏和民间流行的图书资料,选择了一些故事性和说理性强的文章,汇编成书,叫作《说苑》。

　　4.刘向:字子政,西汉著名经学家、目录学家、文学家,撰成中国最早的目录学著作《别录》。

夫君子(古时对男人的尊称,常指品德高尚的人)之行,静以修身,俭以养德,非淡泊无以明志,非宁静无以致远。夫学须静也,才须学也,非学无以广才,非志无以成学。淫慢(放纵与懒惰)则不能励精,险躁则不能治性。年与时驰(迅速消逝),意与日去,遂成枯落,多不接世,悲守穷庐(房舍),将复何及!

译 文

成为一名君子,要用宁静来修养身心,用节俭来培养德行,只有淡泊情欲,才能确立崇高的志向,只有内心宁静,才能达到远大的目标。心静才能学习,才能的进步离不开学习,不学习,才干不能增长,没有志向,学习就不能取得大的成就。放纵懒散,精神就不能专一,急躁冒进,性情就不能安定。这样下去,生命随着时间快速地流逝,理想随着时间日益消沉,人生失意,百无一用,只能悲哀地守着破旧的屋子,到时悔恨可来不及啊!

理解

　　本篇是《诫子书》的全文，是诸葛亮临终时写给儿子诸葛瞻的一封家书，告诫他立志、立德、养性、勤学的重要性。孔子说："性相近也，习相远也。"学习让人生不断自我超越，越行越远。古人学习，一为提升自己的人生境界，二为将学到的才能奉献给他人，让自己成为一名有用于社会的人。所以，学生首先要懂得学习的意义与价值。学习不是攀比，而是为了陶冶自己的性情，因而内心要安宁；学习不是为了功名，而是为了更好地奉献，因而志向要崇高。

国学常识

　　1.诸葛亮：字孔明，号卧龙，三国时期蜀国丞相，中国杰出的政治家、军事家和思想家，中国传统文化中忠臣与智者的代表。

第三课
泰山醴泉

泰山之东，有醴（通"醴"，甘美，音lǐ）泉，其形如井，本体是石也。欲取饮者，皆洗心志，跪而挹（舀，把液体盛出来，音yì）之，则泉出如飞，多少足用。若或（有的人）污漫（污秽不洁），则泉止焉。盖神明之尝（试探）志者也。

译文

　　泰山的东边，有一口甘美的泉水，它的外形像井，材质是石头。想要取这泉水饮用的人，必须先纯净心灵，还要跪下去舀水，泉水就会飞也似的涌出来，无论你用多少都足够。但是如果取水的人心灵污秽，泉水就会停止流淌。这大概是神灵用泉水来检验人们心灵的吧。

理 解

　　本篇取自《搜神记》,虽然它是一则神话故事,却表达了古人对心灵修养的重视,只有心灵得到修养,才可以通于神明。如果去除神话色彩,"神明"在古代思想中是指天地之道,天与地都有许多美德,上天有好生之德,有生生不息的精神,大地有孕育之功,有博大、敦厚、谦逊的美德。人们学习天地之道,于是就去培养高尚的道德情操,当人具有高尚的德行,便可以得到神明的护佑,实现天与人的合一。

国 学 常 识

　　1.《搜神记》:一部记录古代民间传说神奇怪异故事的小说集,作者东晋干宝。

第四课
孔子之志

子曰："士志于道，而耻恶(粗劣的，音è)衣恶食者，未足与议也。"

子曰："三军可夺帅也，匹夫(平民百姓)不可夺志也。"

颜渊、季路侍。子曰："盍(何不，表示反问，音hé)各言尔(你)志？"

子路曰："愿车马衣裘与朋友共敝(破旧)之而无憾。"颜渊曰："愿无伐善(夸耀自己的才能。伐：自夸)，无施劳。"子路曰："愿闻子之志。"

子曰："老者安之，朋友信之，少者怀之。"

译　文

孔子说："读书人立志求真理，但又为自己吃穿不好而羞耻，这样是难以真正求真理的。"

孔子说："三军虽然众多和强大，仍然可以让将帅屈服；普通人如果志向坚定，无人可以让他屈服。"

颜回和子路侍立于孔子左右。孔子说："何不各自谈谈你们的理想呢？"子路说："我希望与朋友一起共用我的车马和皮衣，即使用坏了，也不遗憾。"颜回说："我希望不夸耀自己的仁德，不表现自己的功劳。"子路说："希望听一听老师的志向。"孔子说："我希望老年人能得到安顿，朋友之间能相互信任，年轻人能心怀理想。"

理　解

本篇出自《论语》，从不同的方面展示了立志的重要性。

第一段话出自《论语·里仁》篇，告诉读书人要以真理为学习的目标，在求真理的路途上，虽然物质条件不可缺少，但是不可以因为物质条件的简陋而放弃了自己的志向。如果贪图物质享乐，意志就会被消磨，志向也就难以坚持。

第二段话出自《论语·子罕》篇，说明了立志人人都可以做到的道理。三军很强大，但是如果将帅失去了坚定的信念，也一样可以被打垮；而一个普通的人，如果志向坚定，任何强大的外力也是不能撼动的，因为志向是内在的，只要愿意，任何人都可以具备。明代著名哲学家王阳明说："志不立，天下无可成之事，虽百工技艺，未有不本于志者。"可见，志向是生命的灵魂，志向坚定了，人生的道路才不会背离初心、偏离方向。

第三段话出自《论语·公冶长》篇，师徒三人闲聊志向，却见境界的高低。子路希望与朋友一同使用自己的车马和衣裘，即使用坏了，也不心疼，表明子路的志向不在车马和衣裘，而是内心的无憾，希望培养内在的仁德。颜渊希望自己在平日的生活中，不要刻意地去夸耀和表现仁德，其志向不是得到仁德，而是持有仁德。孔子的志向不局限于自己，而是希望将仁德扩充至天下，使人人都有仁德，达到天下归仁。由此可见，志向应该广大，不能局限于自我，同时，远大志向的实现也要循序渐进，修身以安己、修身以安百姓。

国学常识

1.孔子:姓孔,名丘,字仲尼,春秋时期鲁国人,儒家学派创始人,儒家圣人,中国最著名的思想家、教育家、哲学家。

2.颜渊:名回,字子渊,又叫颜回,春秋时期鲁国人,孔子门下著名弟子,以好学、仁德而著称,后人尊其为颜子。

3.季路:姓仲,名由,字子路,春秋时期鲁国人,孔子门下著名弟子,以正直、好勇、擅政事而著称。

4.《论语》:记载孔子及其弟子言行的一本书,儒家重要经典之一,作者是孔子的弟子与再传弟子。

第五课
天降大任

舜发于畎亩（田地。畎：音 quǎn）之中，傅说（音 yuè）举（推荐，推选）于版筑（筑墙的工作）之间，胶鬲（音 gé）举于鱼盐（贩卖鱼盐）之中，管夷吾举于士（古代掌管刑狱的官员），孙叔敖举于海，百里奚举于市（做买卖的地方）。故天将降大任于斯（此，这个）人也，必先苦其心志，劳其筋骨，饿其体肤，空乏（穷困贫乏）其身，行拂（逆，违背，音 fú）乱其所为，所以动心忍性，曾（同"增"，增加，音 zēng）益其所不能。人恒过，然后能改；困于心，衡（阻塞）于虑，而后作；征（表露出来）于色，发于声，而后喻（明白）。入则无法家（法度严明的臣子）拂士（匡正谏邪的臣子。拂：音 bì），出则无敌国外患者，国恒亡。然后知生于忧患而死于安乐也。

 译文

舜在得志之前在田野中劳作，傅说从筑墙工作中被推举出来，胶鬲从贩卖鱼盐的工作中被举荐，管子从监狱中释放出来之后被提拔，孙叔敖在被举荐之前在海边耕地,百里奚当过奴隶,在市场上被买走后才被重用。所以,上天要把重大的使命落到某个人的身上,一定先要磨炼他的意志,劳累他的筋骨,饥饿他的身体,让他穷困贫乏,每一个心愿都实现不了,这样,就可以震撼他的心灵,坚韧他的性情,提升他的能力,让他无所不能。一个人经常犯错,然后才能改正;心意实现不了,意图遭到阻止,然后才能奋发有为;受到他人脸色与语言的刺激,然后才能明白。国家内部如果缺少法度严明和直谏匡正的大臣,国家外部如果没有能相与抗衡的敌国和外患,这个国家一定就会灭亡。这样就可以明白:忧患使人生存,而安乐导致死亡。

理 解

本篇出自《孟子·告子下》。孟子告诉我们,任何事业的成功都要经过艰辛的努力。当我们面对挫折乃至失败的时候,不要气馁和放弃,而要拿出充足的毅力和信念来接受上天的考验,因为只有真正内心强大的人,才能担负起伟大的使命。

孔子说:"五十而知天命。"孔子所说的"天命",便是孟子这里所说的由上天降落在人身上的重大使命。古往今来,所有伟大的人都能体会到身上所肩负着的重大使命,这些使命超越了个人的利益,指向着更加远大和崇高的目标,这些是为了他人、人类,乃至天下苍生的幸福而奋斗的目标,因而是崇高的、伟大的。使命感,人人皆可体认得到,不过,它既需要有超越的精神境界,又离不开坚忍不拔的内在品质。所以,人世间的每一次磨难,都是上天对自我品质的考验,每一次失败,都是智慧提升的重要契机。

国学常识

1.孟子:名轲(kē),叫孟轲,战国时期的思想家,儒家学派的重要代表人物,被尊为"亚圣"。孟子的思想主要体现在《孟子》一书中。

2.舜:中国上古时代部落联盟首领,后世尊其为帝,儒家尊其为圣。

3.傅说:商代著名丞相,以贤能著称。

4.胶鬲:商周时代著名贤臣,原以贩卖鱼盐为生,西伯姬昌把他举荐给商王,后来又辅佐周武王。

5.管夷吾:即管仲、管子,氏管,名夷吾,字仲,安徽颍上人,春秋时期齐国著名丞相,中国伟大的政治家、经济学家、思想家、军事家,辅佐齐桓公成为春秋第一位霸主。

6.孙叔敖:姓芈(mǐ),名敖,字孙叔,河南信阳人,春秋时期楚国令尹(宰相),辅佐楚庄王成为"春秋五霸"之一。

7.百里奚:姓姜,氏百里,名奚,字子明,原为虞国大臣,虞国灭亡后,沦为奴隶,后来被秦穆公用五张黑羊皮从市场上买得,成为秦国著名大臣,辅助秦穆公称霸于春秋。

第 六 课

务大有成

昔(过去,从前)**有舜欲服**(使归顺)**海外**(国外,这里指外国)**而不成,既**(已经完成)**足以成帝**(德行至高、对历史具有开创性的君王)**矣。禹欲帝而不成,既足以王**(统治,尤其指以仁义取得统治,音 wàng)**海内矣。汤、武欲继禹而不成,既足以王通达矣。五伯**(通"霸",音 bà)**欲继汤、武而不成,既足以为诸侯长**(音 zhǎng)**矣。孔、墨欲行大道于世而不成,既足以成显荣矣。夫大义之不成,既有成已,故务事大。**

译 文

从前,舜想让外国都归顺中国,没有成功,但所完成的事业足以使他成为开创性的帝君了。禹想成为帝君,没有成功,但所完成的事业足以统治中国了。商汤和武王想延续禹的功业,没有成功,但所完成的事业足以让政令在全国通行无阻了。春秋五霸想延续商汤和武王的功业,没有成功,但所完成的事业足以成为各个诸侯的首领了。孔子和墨子想在人世间推行大道,没有成功,但所完成的事业足以让他们声名显赫了。伟大的事业虽然不能成功,但一定完成了部分的事业,所以追求的理想要远大。

理 解

本篇出自《吕氏春秋·士容论·务大》，通过舜、禹、汤、武、五霸以及孔子和墨子的事例，说明了志向高远的重要性。志向代表着一个人的视域、格局和心量，只有志向高远，才能摆脱眼前的利益纠缠，也才有可能让人生的路走得更远。理想即使最终无法实现，但所到达的地方也必定会超过大多数人。所以，年轻人首先要立志。

国 学 常 识

1.五伯：春秋时的五个霸主，分别是齐桓公、晋文公、宋襄公、楚庄公和秦穆公。

2.墨子：名翟，叫墨翟，春秋末年宋国人，墨家学派的创始人，中国著名的思想家、科学家和哲学家。

第 七 课

孝养五道

养有五道：**修宫室**，**安床第**(床上的席子，音zǐ)，**节**(节制，使不过分)**饮食**，**养体之道也**；**树**(树立，设置)**五色**，**施五采**，**列文章**(斑斓美丽的花纹)，**养目之道也**；**正六律**，**和**(协调，音hé)**五声**，**杂**(聚集)**八音**，**养耳之道也**；**熟五谷**，**烹六畜**，**和煎调**(烹调)，**养口之道也**；**和颜色**(面容，脸色)，**说**(同"悦"，喜悦，音yuè)**言语**，**敬进退**，**养志之道也**。**此五者**，**代进**(逐渐改进)**而厚用之**，**可谓善养矣**。

民之本(基础，起始)**教日孝**，**其行孝日养**。**养可能也**，**敬为难**；**敬可能也**，**安为难**；**安可能也**，**卒**(完毕，终了)**为难**。**父母既没**(通"殁"，死，音mò)，**敬行其身**，**无遗父母恶**(音è)**名**，**可谓能终矣**。

译 文

孝养父母的方法有五种：整修房屋，使卧具舒适，不让父母饥饿或过饱，这是孝养父母身体的方法；让父母眼中所见的事物色彩协调，美丽纷呈，这是孝养父母眼睛的方法；校准六律，和谐五声，聚集八音，这是孝养父母耳朵的方法；把饭煮熟，把肉烧好,将各种食材的味道调和完善,这是孝养父母嘴巴的方法;对父母和颜悦色,言语动听,举止恭敬,这是孝养父母心情的方法。用这五种方法对待父母,重视并逐渐改进,可以说是善于孝养父母了。

对人们进行教育起初要从孝开始,行孝就要赡养父母。赡养父母做到了,敬重父母却不容易做到;敬重父母做到了,让父母心安却不容易做到;让父母心安了,能一直贯彻下去却不容易做到。父母去世之后,自己恭敬行事,不给父母留下坏名声,能做到这些就算是自始至终地行孝了。

理 解

本篇出自《吕氏春秋·孝行览·孝行》,讲述了孝养父母的五个方面以及层层递进的方法。

百善孝为先,在中国传统文化中,孝敬父母是一切美德培养的基础和前提。试想一下,一个人如果连自己的父母都不爱,走向社会后,又怎么能去爱他人呢?

孝敬父母不能光停留在口头上,最主要是落实在行动中,在父母的衣食住行各个方面照顾好父母。孝敬父母,不仅要养其体,即给父母提供饮食、养活父母,还要养其志,为了让父母保持一个好的心情,在跟父母说话时,子女要尽可能地和颜悦色,言语柔和,不跟父母发火,不摆脸色给父母看,即使父母犯错了,也要委婉劝止,这就叫孝顺。孝敬父母还要照顾好父母的内心,不要让父母担心和忧虑,与父母保持音信,不要中断,尽可能地帮助父母实现他们心中美好的愿望。此外,孝敬父母要自始至终,即使父母离开了我们,也要时刻铭记父母的生前教诲,继承父母祖辈的优良传统,这便叫"事死如事生"。这些看起来都是生活中的小事,却是最切实和最重要的人生修养。

国学常识

1.五色:青、黄、赤、白、黑,泛指各种颜色。

2.五采:同"五色",也写作"五彩"。

3.六律:阴阳十二律。中国古代音乐将音高定为十二级,其中阳律有六,阴律有六。

4.五声:中国古代音乐的五种音阶,分别是宫、商、角(jué)、徵(zhǐ)、羽。

5.八音:中国古代对乐器的统称,指由金、石、丝、竹、匏(páo)、土、革、木八种材质制成的乐器。

6.五谷:稻、黍(shǔ)、稷、麦、菽(shū),泛指各种主要的谷物。

7.六畜:马、牛、羊、鸡、犬、猪,泛指家畜。

第 八 课
三 年 之 丧

　　宰我问:"三年之丧(为死者举行的哀悼仪式,音 sāng),**期已久矣**。**君子三年不为礼,礼必坏。三年不为乐,乐必崩。旧谷既**(已经)**没**(消失,终止,音 mò),**新谷既升**(谷物成熟、登场),**钻燧改火**(根据季节变换,用不同的木材来钻木取火。钻燧:上古的取火方法,即用钻子钻木,因摩擦发热而爆出火星来。燧:音 suì。改:更换),**期可已矣**。"子曰:"**食夫稻,衣夫锦,于女**(同"汝",你,音 rǔ)**安乎?**"曰:"**安**。""**女安,则为之。夫君子之居丧,食旨**(美味的食物)**不甘,闻乐**(音 yuè)**不乐**(音 lè),**居处不安,故不为也。今女安,则为之**。"

　　宰我出。子曰:"予之不仁也! 子生三年,然后免于父母之怀。夫三年之丧,天下之通丧也。予也有三年之爱于其父母乎?"

 译 文

　　宰我对孔子说:"父母过世,子女守孝三年,时间太久了。三年间,君子不推行礼制,礼制一定会败坏。三年间,君子不推行乐教,雅乐一定会荒废。新谷取代了旧谷,一季一换的钻火木头也经过了一个循环,丧礼一年就可以了吧。"孔子说:"你吃稻米,穿丝绸,能安心吗?"宰我回答道:"能安心。"孔子说:"你若安心,就这样去做吧。君子在居丧期间,吃美味不觉得好吃,听音乐不感到喜悦,在自己的屋子里居住,心总是不安,所以不能像平常一样生活。你如果安心,就去做吧。"

宰我离开后,孔子说:"宰我没有仁德啊!子女出生三年后,才能完全离开父母的怀抱。父母过世,子女守孝三年,应当是天底下通行的丧礼。难道宰我不曾受过父母怀抱三年的爱吗?"

理 解

本篇出自《论语·阳货》,讲述了三年之丧的意义。宰我不同意三年之丧,认为一年就够了,时间太久,会影响社会各项工作的开展。孔子既没有阻碍宰我,但是又批评了宰我。孔子认为,礼乐源自于一个人内心的真情实感,是对情感的修饰,内心中有情感,礼乐才有必要,如果心中一点儿情感都没有,礼乐也只是徒有其表,有与没有,区别就不大了。所以,孔子批评宰我,是因为宰我对父母的情感不深;孔子没有阻碍宰我,是因为缺失了内心情感,外在的礼仪也就没有了实质的意义,也不必勉强。

孔子认为,父母含辛茹苦地怀抱子女三年,父母去世之后,子女理所应当为父母守孝三年。当今社会虽然已经没有了三年之丧的要求,但是丧礼仍然存在,虽然服丧的时间减少了很多,但是对离去亲人的哀思不应减少。

国 学 常 识

1.宰我:又叫宰予,春秋时期鲁国人,孔子弟子,以能言善辩著称。

2.三年之丧：古代的重要丧礼。至亲去世,子女要居丧守孝三年,三年间不准婚嫁、娱乐、工作、饮酒食肉,穿麻布制的衣服,居住在简陋的草棚中,用于表达生者心情的哀痛。

第 九 课

入土为安

盖(大约,大概,表示推测)**上世尝**(曾经)**有不葬其亲者,其亲死,则举而委**(抛弃)**之于壑**(深谷,深沟,音 hè)。**他日过之,狐狸食之,蝇蚋**(蚊类昆虫,音 ruì)**姑嘬**(吸吮。嘬:音 zuō)**之。其颡**(额头,音 sǎng)**有泚**(冒汗,音 cǐ)**,睨**(斜着眼睛看,音 nì)**而不视。夫泚也,非为人泚,中心达于面目。盖归反蘽梩**(筐和铲子。蘽:指筐,音 léi。梩:同"耜",一种类似于锹的铲土农具,音 sì)**而掩之。掩之诚是也,则孝子仁人之掩其亲,亦必有道矣。**

译 文

大概在上古时,曾经人们不埋葬自己的父母,有个人的父母死了,就抬着扔到山沟里。过了几天,这个人经过那里,发现狐狸在啃食尸体,苍蝇蚊子在吸吮。于是,他的额头上冒出了汗,斜着眼睛,不敢正视。他额头上的汗,不是流给别人看的,而是发自内心,油然而生。大概后来他回家取了箩筐和铲子把尸体埋了。如果这个人埋葬父母是对的,那么孝子仁人埋葬他们的父母,自然也有他的道理。

理　解

　　本篇出自《孟子·滕文公上》，阐述了儒家主张埋葬、丧礼的原因。孟子是战国时期重要的儒家思想代表，他认为儒家所倡导的道德规范来源于一个人真诚的内心，而真诚的内心便是道德规范合理性的内在根据。拿葬礼来说，亲人死了，孝子仁人为何要将他们埋葬、举行葬礼呢？孟子认为，这是人内心的真诚需要。埋葬了，心才能安；不埋葬，心就不能安。心安理得，所以"心"是"理"的根据。

国 学 常 识

　　1.孝悌：对父母长辈与兄弟姐妹的爱。晚辈尊敬和爱戴长辈叫"孝"，关心和恭敬兄弟姐妹叫"悌"。孝悌讲的是家庭伦理，是以血缘关系为基础的亲亲之爱，是道德的基础。

第十课
孝为德本

　　仲尼（孔子，字仲尼）**居，曾子侍。子曰："先王有至德要**（简要）**道，以顺天下，民用和睦，上下无怨。汝知之乎？"曾子避席曰："参不敏，何足以知之？"子曰："夫孝，德之本也，教之所由生也。复坐，吾语汝。身体发肤，受之父母，不敢毁伤，孝之始也；立身行道，扬名于后世，以显父母，孝之终也。夫孝，始于事亲，中于事君，终于立身。《大雅》云：'无念尔祖，聿**（追述，音 yù）**修厥**（其，他的）德。'"**

译 文

　　孔子闲坐着，曾子在一旁陪坐。孔子说："先代圣王有一样东西是最高的美德和最简要的治理方法，用它可以顺应天下人心，能够实现人民和睦，让社会上下都没有怨言，你知道是什么吗？"曾子站起身说："我不够聪慧，哪里能知道呢？"孔子说："孝是道德的根本，天下人能接受教育也要以孝为基础。你坐下，我告诉你。身体、头发、肌肤，都是父母给予的，不敢轻易毁坏、损伤，这是孝的开始；修养自己，一生践行仁义之道，死后将美好的名声流传于后世，光荣父母之名，这是孝的终点。

孝，要从服侍父母开始，然后侍奉君王，最后完善自我。《诗经·大雅》说：'子孙能不常常思念祖先吗？去追述和修行先祖们的美德吧。'"

理 解

本篇出自《孝经》，孔子向他的弟子曾参传授孝道。

孝是建立在血缘关系之中的美德，是人的天性，所以最能顺应人心。人们在家庭中孝敬父母，培养自己的仁爱之心，走入社会后才能与人和睦相处、遵纪守法，所以孝又是其他美德与社会治理的根基。孝要从珍爱自己的身体出发，身体是父母给的，爱惜自己的身体，言行举止就会警惕慎重，也就不会以身犯险、以身试法。孝还体现在利人上，多做对社会有益的事情，为父母争光。一个人从生到死，都要谨守道德，修养自己的品行，既继承先祖的美德，也为后代子孙做好榜样，这便将孝道贯彻始终了。

国 学 常 识

1.《孝经》：中国古代儒家的重要经典之一，是孔子向曾子传授孝道的记录。全书以孝为中心，阐述了儒家的伦理思想。

2.曾子：曾参，孔子弟子，比孔子小四十六岁。

第十一课
君子如玉

　　子贡问于孔子曰："敢问君子贵玉而贱珉(像玉的石头,音mín)者何也? 为玉之寡而珉之多与?"孔子曰:"非为珉之多故贱之也,玉之寡故贵之也。夫昔者君子比德于玉焉:温润而泽,仁也;缜密(细致精密,缜:音zhěn)以栗(坚实),知也;廉而不刿(成语,有棱边却不至于割伤别人,比喻为人廉正宽厚。廉:有棱角。刿:刺伤,音guì),义也;垂之如队(同"坠",垂落,音zhuì),礼也;叩(敲击)之,其声清越(清脆悠扬)以长,其终诎(戛然而止的样子,音qū)然,乐也;瑕不揜瑜(成语,形容缺点掩盖不了优点。瑕:玉上面的斑点,比喻缺点或过失,音xiá。揜:同"掩",掩盖,音yǎn。瑜:玉的光泽,比喻优点,音yú),瑜不揜瑕,忠也;孚尹旁达(成语,指玉的色彩晶莹发亮,比喻品德高尚。孚:同"浮",浮出,显露。尹:通"筠",本义是竹子的表皮,这里形容玉的润色表现于外,音yún。旁达:普遍,指美德的展现无处不在),信也。气如白虹(日晕),天也;精神见于山川,地也;珪璋特达(成语,比喻才德出众。珪璋:玉制的礼器,用于朝觐和祭祀等庄严的活动。珪:音guī。璋:音zhāng。特达:特别出众),德也;天下莫不贵者,道也。《诗》云:'言念(想念)君子,温其如玉。'故君子贵之也。"

译文

子贡问孔子说:"请问君子为何珍重玉而轻视石头呢?是因为玉很稀少而石头的数量多吗?"孔子回答说:"不是因为石头的数量多才轻视它,也不是因为玉很稀少而珍重它。从前,君子的美德用玉来形容:玉温和而润泽,象征着君子的仁爱;玉细致精密而坚实,象征着君子的才智;玉有棱角,但不锋利、不伤人,象征着君子的正义;玉坠下垂,象征着君子礼仪上的恭敬;敲击一下,玉的声音清脆悠扬,而后戛然而止,象征着君子追求的雅乐;玉的光泽不被瑕疵所掩盖,瑕疵也同样不会被掩盖,象征着君子的忠实;玉的光彩外显,无处不在,象征着君子的诚信。玉散发出的光芒好像日晕,象征着天道的光明;玉的灵气源自于山川,象征着地道的深厚;美玉很出众,象征着德行的高尚;天下人都认为玉很贵重,象征着每个人都应当行走在正道上。《诗经》说:'我思念那君子,好像玉一样温和。'所以君子珍重玉。"

理解

本篇出自《礼记·聘义》,通过对美玉特征的描述,来说明古人用美玉来比喻君子品德和理想的道理。君子之所以爱玉,古人之所以用玉来比喻君子,是因为玉的特征与君子的品性很相似。

儒家以君子为人格理想,君子的品格主要有"仁""义""智""忠""信"等。"仁"是指仁爱,对人对物要有爱心,要仁慈;"义"是指正义,坚持正直不动摇,在是非面前有立场;"智"是指才智,思维和行事严谨周密;"信"是指诚信,说话做事前后一致,自始至终都不背离道德;"忠"是指忠实,忠于内心,内外一致。君子的培养要靠"礼"与"乐","礼"是道德规范和要求,用礼来要求自己,做到谦恭有礼;君子追求的"乐"是雅乐、和乐、正声,使听者情绪舒适而平和。君子的美德是崇高的,君子所行的道路是人间正道,这些美德来自于天地。天有道,地有德,天之道表现为光明,地之德表现为深厚,君子效法天地,所以要培养道德。

国 学 常 识

1.子贡:姓端木,名赐,字子贡,孔子弟子,擅长雄辩,精通经商之道。

2.《诗经》:中国最早的诗歌总集,共三百零五篇,时间跨度从西周初年到春秋中叶五百多年,汉代时被尊为儒家经典,成为"五经"之一。

第十二课
君子爱莲

　　水陆草木之花，可爱者甚蕃(通"繁"，多，音fán)。晋陶渊明独爱菊；自李唐(指唐朝，因为唐朝皇帝姓李)来，世人盛爱牡丹。予独爱莲之出淤(音yū)泥而不染，濯(洗，音zhuó)清涟(清水。涟：音lián)而不妖(妖艳，美丽而不端庄)。中通外直，不蔓(藤蔓)不枝(旁枝)，复远益清，亭亭(高耸直立的样子)净植(树立)，可远观而不可亵(亲近而不庄重)玩焉。

　　予谓：菊，花之隐逸(隐居不仕)者也；牡丹，花之富贵者也；莲，花之君子者也。噫(叹词，表示感慨，音yī)！菊之爱，陶后鲜有闻；莲之爱，同予者何人？牡丹之爱，宜(应当)乎众矣！

 译　文

　　水上、地上长着各种草本和木本的花，令人喜爱的非常多。东晋的陶渊明只喜爱菊花；唐代以来，人们十分喜爱牡丹。唯独我喜爱从淤泥中长出却不被污染的莲花，它经过清水的洗涤，没有妖艳之态。根茎中空，外表笔直，没有藤蔓和旁枝，香气远播,虽远亦香,纯洁地树立在水中,人们只能远远地观赏而不能玩弄它。

我认为:菊花是花中的隐士,牡丹是花中的富贵者,莲花是花中的君子。唉!喜爱菊花的人,陶渊明之后就很少听说了;对莲花的喜爱,有像我一样的人吗?对于牡丹的喜爱,应当是属于大多数人吧!

理 解

《爱莲说》是周敦颐所作的一篇古文,他以花为喻,认为一个人喜爱什么样的花,便体现什么样的人生志趣。在这篇文章中,周敦颐着重说明了莲花的特征与气质,表明自己的处世态度与人格理想。

菊,原生于幽谷之中,清洁高雅,不受世纷,象征着隐士,所以陶渊明喜爱它。不过,在周敦颐看来,之后像陶渊明这样不慕功名、心远自得的人已经很少了。牡丹,色泽艳丽,富丽堂皇,国色天香,象征着富裕和高贵,所以世俗中的人都喜爱它。周敦颐独爱莲花,因为莲花象征着君子的品格:它出淤泥而不染,好像君子独善其身;它濯清涟而不妖,犹如君子端正庄严;它的根茎中通,象征着君子内心谦虚而无私;它不蔓不枝、亭亭净植,仿佛君子直道而行、不偏不倚;它可远观而不可亵玩焉,说明与君子相交,合乎道便亲近易处。

国 学 常 识

1.周敦颐:字茂叔,世称"濂溪先生",北宋著名的哲学家、文学家,宋代理学的开山鼻祖,与邵雍、张载、程颢、程颐合称"北宋五子"。

2.陶渊明:名潜,字元亮,东晋著名诗人、辞赋家,中国第一位田园诗人,被称为"古今隐逸诗人之宗"。

第十三课
孔门弟子

孔子曰:"受业身通者七十有七人",皆异能之士也。德行:颜渊,闵子骞,冉伯牛,仲弓。政事:冉有,季路。言语:宰我,子贡。文学:子游,子夏。**师也辟**(通"僻",偏执,音 pì),**参**(音 shēn)**也鲁**(迟钝),**柴也愚,由也喭**(粗鲁,音 yàn),**回也屡空**(经常空乏,一无所有,指贫穷匮乏)。**赐不受命而货殖**(经商,也指财货)**焉,亿**(通"臆",臆测,预料)**则屡中**(合于,符合,音 zhòng)。

译 文

孔子说,"在我的诸弟子中,能传承我的事业并能有所通达的有七十七人",他们身上各有其过人之处。德行卓越的是颜渊、闵子骞、冉伯牛和仲弓。行政能力突出的有冉有和子路。口才一流的是宰我和子贡。擅长文学的有子游和子夏。孔子的优秀弟子们,也各有短处,子张偏激,曾参迟缓,子羔愚钝,子路粗鲁,颜回贫穷。子贡虽不知命,但财货增殖,预测物价总能算中。

理　解

本篇出自《史记·仲尼弟子列传》，概括了孔子门下一些著名弟子的特点。老子说："自知者明。"每个人都有自己的长处，也有自己的短处，重要的是能认识到自己的长处在哪里、短处在哪里，做一个明白的人，既不因自己的长处而骄傲，也不因自己的短处而气馁。其实，不管是长处，还是短处，都是自己的特点，只要以仁德为基础，运用得当，短处也是长处；不以仁德为基础，运用不当，长处也会成为短处。

国 学 常 识

1.《史记》：西汉史学家司马迁撰写的史书，记载了从上古黄帝到汉武帝之间共三千多年的历史，是中国历史上第一部纪传体通史，被列为"二十四史"之首。

2.闵子骞：春秋时期鲁国人，孔子弟子，比孔子小十五岁，以孝行闻名于世。

3.冉伯牛：冉耕，字伯牛，春秋时期鲁国人，孔子弟子，为人正派，善于待人接物，以德行著称。

4.子游：姓言，名偃，字子游，又称"言游"，春秋时期吴国人，孔子弟子，位列孔门文学科第一。

5.子夏：姓卜，名商，字子夏，春秋时期晋国人，孔子弟子。孔子死后，子夏到魏国的西河讲学，授徒三百，当时有许多名士都是他的学生，如李克、吴起、田子方、李悝、段干木、公羊高等。

6.子张：春秋时期陈国人，字子张。孔子死后，儒家分为八派，子张之儒位列八派之首。

7.子羔：春秋时期卫国人，比孔子小三十岁，憨直忠厚。

第十四课
君子之乐

孟子曰：“君子有三乐，而王天下（统治天下。王：动词，统治的意思，音 wàng）不与存焉。父母俱存，兄弟无故，一乐也；仰不愧于天，俯不怍（惭愧，音 zuò）于人，二乐也；得天下英才而教育之，三乐也。君子有三乐，而王天下不与存焉。”

孟子曰：“广土众民，君子欲之，所乐不存焉；中天下而立，定四海之民，君子乐之，所性不存焉。君子所性，虽大行（理想在全天下得到实行）不加焉，虽穷居不损焉，分定（天命所决定。君子遵循本性领悟到天命，又由天命加强对本性的信心）故也。君子所性，仁义礼智根于心，其生色（外表）也睟然（面色润泽的样子。睟：音 suì），见于面，盎（充溢，音 àng）于背，施于四体，四体不言而喻。”

 译 文

孟子说：“君子有三种快乐，但是得到天下权位不在其中。父母都健康，兄弟没灾祸，是第一种快乐；抬头无愧于天，低头无愧于人，是第二种快乐；教育天下优秀的人才,是第三种快乐。君子有三种快乐,但是得到天下权位不在其中。"

孟子说:"土地的广大和人口的众多,是君子的希望,但快乐不在这里;居于天下最尊贵的中央之位,安定天下的百姓,君子虽然乐意这样做,也是本性不在这里。君子的本性,不会因为理想在全天下得到实行而增加,也不会因为生活贫穷而减少,这是天命所决定的。在君子的本性中,仁爱、正义、礼节、智慧都植根于内心,不管是表现在面容,还是背影,或是四肢,都温文尔雅,行为举止不待说明都已经显而易见。

理　解

本篇出自《孟子·尽心上》,阐明了儒家君子所追求的快乐和理想。人皆有快乐的欲求,从快乐的欲求中可以看出一个人的修养、理想和境界。君子"三乐",体现了儒家独有的人生追求。

君子以人伦关怀为快乐,不以弃家独身为快乐,所以君子的快乐是入世的。君子以居仁、守仁为快乐,求仁而得仁,不怨天,不尤人,所以君子的快乐是内在的。君子以弘道为己任,诲人不倦,广施教化,所以君子的快乐是利他的。天下权位,只是践仁行道的手段,与仁德本身无关,得到了也不会增加欢乐,失去了也不会遗憾,所以不在君子的快乐和追求的范围之内。

君子们的理想有时不是完全一致的,修身、齐家、治国平天下,各有侧重。与儒家其他君子相比,孟子更侧重修身,而修身在于正心诚意。孟子认为,一个人的修养应该由内而外,内心是根本,外在的仪表是内心的自然表现,内心修养好了,外在的言行举止自然能符合礼节。

国学常识

1.儒家：春秋时产生的学派名称，创始人是孔子，西汉武帝时确立为社会的主导思想，之后成为整个中国古代社会伦理和国家政治的核心价值观念，对海内外都有重大影响。

第十五课
修身利行

古之学者为己，以补不足也；今之学者为人，但能说之也。古之学者为人，行道以利世也；今之学者为己，修身以求进也。夫学者犹种树也，春玩（赏玩）其华，秋登（丰收）其实。讲论文章，春华也；修身利行，秋实也。

译 文

古代人求学为了充实自己，以弥补自己的不足；现在有些人求学，只是为了在别人面前夸耀。古代人求学也会为了别人，通过弘扬真理来造福社会；现在有些人求学也会为了自己，通过提升自己来求取个人的名利。学习就好像种树，春天可以观赏它的花朵，秋天收获果实。学习讲论文章，就好像春天赏玩花朵；通过提升自己来造福他人就好像秋天收获果实。

理 解

　　本篇出自《颜氏家训·勉学》,通过古今的对比,来劝勉今天的读书人要努力读书来提升自己的修养,并用所学的知识来造福社会。

　　修身是为己,利行是为人,修身与利行是相辅相成的。修身是基础,只有自己的水平提升了,才有能力来帮助他人、造福社会;利行本身也是修身,只有在帮助他人、造福社会中才能提升自己的服务能力与思想境界。努力读书,提升自己的知识文化水平,以此来获得个人将来的美好生活,自然无可厚非,但又不能仅限于此。如果读书只是为了自己,那么眼界就会狭窄,容易急功近利、自私自利,这样的话,在学习的道路上就容易受到功利的诱惑,难以坚守真知,也不易坚持到底,将来的事业也很难取得大的成就。正如孔子说:"无欲速,无见小利。欲速则不达,见小利则大事不成。"所以,古人将修身与利行统一起来,将自我的成就与对他人和社会的奉献统一起来。

国 学 常 识

　　1.《颜氏家训》:一部内容丰富、体系宏大的家训,始撰于北齐,成书于隋朝初年。作者颜之推。在这本书中,作者结合儒家学说与历史经验,对教子、治家、立身、处世、为学等方面进行了总结,语言通俗易懂,在中国家庭教育史上产生了深远影响。

第十六课
子路受教

子路戎服(军装。戎:军队,军事,音 róng)见于孔子,拔剑而舞之,曰:"古之君子以剑自卫乎?"孔子曰:"古之君子,忠以为质,仁以为卫,不出环堵(四面围绕土墙的小屋)之室而知千里之外。有不善则以忠化之,侵暴则以仁固(坚守)之,何持剑乎?"子路曰:"由乃今闻此言,请摄齐(提起衣摆。齐:音 zī)以受教。"

译 文

子路穿着军装来见孔子,拔出剑挥舞着说:"古代的君子用剑保卫自己吗?"孔子说:"古代的君子,以忠实为本质,以仁爱为护卫,不出屋子就能知道千里之外的事情。遇到不善的人,就用忠诚感化他,对待欺凌和凶暴的事情,就有仁爱来抵御,为何非得用剑呢?"子路听到后说:"我今天听到这样的话,请让我提起衣摆,来到您的堂上,接受您的教诲吧。"

理 解

本篇选自《孔子家语·好生》，体现了儒家的仁政思想。儒家反对武力和霸道，主张用仁爱和王道来治理社会。儒家认为，每个人生来都是善良的，都有良心，哪怕是一个十恶不赦的坏人，良心也从未泯灭，所以，不管是教育，还是政治，重点在于激发每一个人本有的仁心和良知。一个人如果在言行思虑中，时时处处都能从良心出发，自然就会符合道德与法纪。

在遇到孔子之前，子路是一名武士，崇尚勇力。遇到孔子之后，子路开始修养仁德，并用仁义来治理社会，这不正是仁心的发现和功用吗？

国 学 常 识

1.子路：姓仲，名由，又叫仲由，孔子弟子，擅长政事，为人正直、忠诚、好勇。

第十七课
孔子处困而歌

孔子行，简子将杀阳虎，孔子似之，带甲（士兵）以围孔子舍（居住的房子，音 shè）。子路愠（生气，音 yùn）怒，奋（举起）戟（古代的一种兵器，音 jǐ）将下。孔子止之曰："由！何仁义之寡裕（宽容）也。夫《诗》《书》之不习，《礼》《乐》之不讲，是丘之罪也。若我非阳虎而以我为阳虎，则非丘之罪也。命也夫！由歌，予（我）和（跟着唱，音 hè）若（你）。"子路歌，孔子和之，三终而围罢（解除）。《诗》曰："来游来歌。"以陈（述说）盛德之和而无为也。

译文

孔子在外，匡地有个叫简子的人要杀阳虎，孔子貌似阳虎，简子于是带着士兵将孔子的住处包围起来。子路很愤怒，举起戟就要冲出去。孔子制止了他，说："仲由！你学习仁义之道为何不能多些宽容？百姓未能学习《诗》《书》，《礼》《乐》未能讲授，是我的过错。如果我不是阳虎却误认为我是阳虎，这不是我的过错，也是我不能决定的！你来唱歌，我跟着你唱。"子路唱起歌，孔子跟着他唱，唱了三遍，包围他们的士兵就离开了。

《诗经》说："到此遨游歌载道。"述说美德所带来的和谐，便可以制止武力。

理 解

本篇出自《韩诗外传》，讲述的是孔子在周游列国之时发生的一件事情。孔子曾任鲁国司寇，由于不满鲁国君臣的不端行为，离开故乡，前往卫国。孔子在卫国又受到谗言之害，于是又离开卫国，前往陈国。在路上，孔子遭遇简子要杀阳虎的事情，由于孔子的相貌很像阳虎，所以被误认为是阳虎，而被围困。

此处展现了孔子的思想主张与伟大品格。首先，孔子主张用道德来教化人民、安定社会，反对一味地使用武力和霸道，所以他制止了子路的暴力行为，最终靠着诗歌和道德的力量解除了围困。其次，孔子将自己的责任与命运明确分开，认为责任是不可推卸的，如讲授《诗经》《尚书》《仪礼》和《乐经》，而命运是自己不能决定的，如自己被误认为是阳虎，甚至被围攻。在责任与命运的选择上，君子应该勇敢地承担责任，不要纠结命运的不公，这也展现了孔子乐观的人生态度，君子应做好自己应该做的事、走自己应该要走的路，当遇到一些意外事故时，要坦然自若，就像孔子一样，虽处困而高歌。

国 学 常 识

1.阳虎：又叫阳货，春秋时期鲁国人，曾是鲁国季氏的家臣，后来位列卿大夫。阳虎是治国奇才，曾独揽鲁国政权，不过野心太大，不守君臣之道，与孔子不和。

2.命：在古代思想中，"命"的意思非常丰富，文章中的"命"指自我不能决定的东西，如命运。

3.《韩诗外传》：西汉韩婴著，全书由许多趣闻轶事杂编而成，故事的主旨大多体现儒家的道德伦理，故事的后面也都会引用《诗经》中的一句诗文来作总结。

第十八课
丧家之狗

孔子适(往,到)**郑,与弟子相失,孔子独立郭**(外城墙,相对于"郭"来说,"城"指内城墙)**东门。郑人或**(某人)**谓子贡曰:"东门有人,其颡**(额头,音sǎng)**似尧,其项**(脖子)**类皋**(音gāo)**陶,其肩类子产,然自要**(同"腰",音yāo)**以下不及禹三寸,累累**(失意、不得志的样子。累:音léi)**若丧家之狗。"子贡以实告孔子。孔子欣然**(喜悦的样子)**笑曰:"形状,末也。而谓似丧家之狗,然**(表示赞同)**哉!然哉!"**

译 文

　　孔子到了郑国,与弟子走散了,孔子一个人站在外城的东门口。子贡打听孔子的下落,有个郑国人对子贡说:"东门那儿有个人,额头像尧,脖子像皋陶,肩膀像子产,但是腰以下比禹短了三寸,一副不得志的样子,看起来像一只丧家狗。"子贡如实地告诉了孔子。孔子笑道:"他形容我的样子,不太像。说我像一只丧家狗,很对!很对!"

理 解

本篇出自《史记·孔子世家》,讲述了孔子在周游列国的途中遭人嘲笑的故事。孔子从五十五岁到六十八岁之间,一直流亡在外,经过了卫国、宋国、齐国、郑国、晋国、陈国、蔡国等国家。孔子四处宣扬自己的主张,推行自己的理想,但是无人响应,还常常受到世人的嘲讽。对此,孔子虽有遗憾,却不怨天尤人,明知理想难以实现,仍然不放弃。孔子的这个故事告诉我们,许多伟大的理想实行起来都很困难,往往得不到他人的理解,为此,既要有坚定的意志,又要保持乐观的心态。

国 学 常 识

1.尧:号陶唐氏,又叫唐尧,中国上古时期部落联盟首领,"五帝"之一,老了之后禅让于舜。尧德高望重,被后世儒家奉为圣明君主的典型。

2.皋陶:中国上古时期政治家、思想家,中国司法鼻祖,在尧舜的时代,掌管刑法。

3.子产:郑国大夫,长期执掌郑国政务,推行改革,是春秋时期著名的思想家和政治家。

第十九课
子贡卫道

叔孙武叔语（议论）大夫于朝，曰："子贡贤于仲尼。"子服景伯以告子贡。子贡曰："譬（打比方，音 pì）之宫墙，赐之墙也及肩，窥见室家之好。夫子之墙数仞（古代计量单位，一仞大概等于今天的一百八十厘米，音 rèn），不得其门而入，不见宗庙之美，百官（通"馆"，房舍，音 guǎn）之富。得其门者或寡矣。夫子之云，不亦宜乎？"

叔孙武叔毁（诽谤，说别人坏话）仲尼。子贡曰："无以为也。仲尼，不可毁也。他人之贤者，丘陵也，犹可逾（越过，超过，音 yú）也。仲尼，日月也，无得而逾焉。人虽欲自绝（自行断绝和对方的关系），其何伤于日月乎？多见其不知量也。"

陈子禽谓子贡曰："子（古代对人的尊称，用于称呼老师或有道德、学问的人）为恭也？仲尼岂贤于子乎？"子贡曰："君子一言以为知，一言以为不知，言不可不慎也。夫子之不可及也，犹天之不可阶而升也。夫子之得邦家者，所谓立（确立，订立，此处指礼仪规范的确立）之斯（乃，就）立，道（引导）之斯行，绥（安抚，音 suí）之斯来，动之斯和。其生也荣，其死也哀，如之何其可及也！"

译 文

叔孙武叔在朝堂上和大夫们议论说:"子贡要比孔子贤能。"子服景伯将这话告诉了子贡。子贡说:"就好比院墙,我家的院墙和肩膀差不多高,轻而易举就能看见家里有什么好东西。孔子家的院墙有数仞之高,如果不从大门进去,就看不见里面的宗庙有多么辉煌,房屋有多么绚丽。但是能寻得到孔子家大门的人少之又少。叔孙武叔这样说,不是很正常吗?"

叔孙武叔诋毁孔子。子贡说:"这样做对他一点益处都没有。孔子是不可以诋毁的。他人的贤能,犹如丘陵,可以逾越。孔子,犹如日月,是不能逾越的。即使有人要与日月决绝,但对日月能有什么损害呢?只是显示他自不量力而已。"

陈子禽对子贡说:"你是有意在抬高孔子吧?难道他真的比你贤能吗?"子贡说:"君子说话,一句话就可以显示他有知还是无知,所以说话不能不谨慎啊。孔子是不能超越的,就好像天,无阶可攀。孔子如果有诸侯之位:一旦他去确立礼乐,整个社会的道德规范就能完备;一旦他去教导民众,人民就会顺着他指导的方向前行;一旦他去安抚百姓,远方的人就会闻风而至;一旦他去发动力量,所有问题都迎刃而解。孔子活着的时候,人们因为有了他而感到光荣;死了之后,人们因为缺少他而感到悲哀。这样的人,如何能超越!"

理 解

本篇出自《论语·子张》。孔子死后,有人企图贬低孔子、抬高子贡,而子贡极力捍卫孔子的地位。孔子在后世,得以有至圣之名,与子贡的贡献是分不开的。秦代之后,儒家能够复兴,并独尊于诸子之林,也同样离不开陆贾、公孙弘、贾谊与董仲舒等儒生的努力争取。由此可见,儒家于后世影响深远,不仅是因为孔子的伟大开创,也得益于弟子们羽翼圣道。

孔子是中国最伟大的思想家之一，他对中国过去的文化进行了继承和变革，推动了中国文明的巨大进步和发展。他所提出的许多观念，如仁爱、正义、德治、礼节、诚信、忠恕、有教无类、因材施教等在今天仍然适用，具有超越时空的普遍性价值。他与弟子们讨论的一些问题，如德与法的关系、先天本性与后天学习的关系、道德与经济发展的关系、官与民的关系、家庭矛盾的处理方法等，至今仍在持续探讨，而孔子的见解无疑能给今天带来许多启发。所以，孔子的许多思想是不能轻易否定的。

文中叔孙武叔和陈子禽都认为孔子可能没有子贡有才能，说明他二人尚且能够理解子贡的才学，却达不到孔子思想的高度，所以无法理解孔子。他们的对话告诉我们，一个人要保持谦虚的态度，对待自己不太理解的事物，不可武断，应该像孔子教育我们的那样，"知之为知之，不知为不知"，这才是最为明智的。

国学常识

1.叔孙武叔：鲁国叔孙氏第八代宗主，当权大夫，鲁国司马。

2.大夫：古代官名，西周以后，国君之下有卿、大夫十三级，大夫世袭，各有封地。后来大夫成为一般任官职者的称呼。

3.宗庙：古代祭祀祖先的宫室。

4.陈子禽：姓陈，名原亢，字子禽，孔子的弟子，比孔子小四十岁。

第二十课
曾子易箦

曾子寝(睡,卧)疾,病。乐正子春坐于床下,曾元、曾申坐于足,童子隅(角落,音 yú)坐而执烛。童子曰:"华(美丽有光彩)而睆(美好的样子,音 huǎn),大夫之箦(竹编的床席,音 zé)与?"子春曰:"止!"曾子闻之,瞿然(惊慌的样子。瞿:音 qú)曰:"呼!"曰:"华而睆,大夫之箦与?"曾子曰:"然,斯季孙之赐也,我未之能易(更换)也。元起易箦!"曾元曰:"夫子之病革(通"亟",指病情危急,音 jí)矣,不可以变。幸而至于旦,请敬易之。"曾子曰:"尔之爱我也不如彼。君子之爱人也以德,细人(小人,见识浅陋、器量狭小的人)之爱人也以姑息(过于宽容,放纵)。吾何求哉?吾得正而毙(死)焉,斯已矣。"举扶而易之。反(通"返",返回)席未安而没(通"殁",死)。

译文

曾子卧病在床,病情严重。曾子的学生乐正子春坐在床下,曾子的儿子曾元、曾申坐在曾子的脚旁,有个童仆拿着烛火坐在墙角。童仆说:"这么华丽,是大夫用的席子吗?"子春说:"住口!"曾子听到后,惊叹道:"啊!"童仆又说:"这么华丽,是大夫用的席子吗?"曾子说:"是的,这是季孙氏赐给我的,我没来得及换掉。曾元起来把这个席子换掉!"曾元说:"您的病情危急,现在不可以移动。希望能熬到明天早晨,再为您更换。"曾子说:"你对我的爱还不如这个童仆。君子爱一个人,是用道德去要求他;小人爱一个人,只会无原则地迁就他。现在我还有什么所求的呢?在死的时候,仍然合礼坦荡,就够了。"然后曾元扶起曾子,更换了席子。曾子重新回到席子上,还没躺好就死了。

本篇出自《礼记·檀弓》,讲述了曾子临死时发生的一件事情。按照古礼的要求,曾子一生未当过大夫,所以不应铺卧大夫的席子。更换席子的事情虽然看起来很小,却体现了曾子严于律己、知错必改的品质。遵守礼节是道德培养的基础和保证,孔子说:"非礼勿视,非礼勿听,非礼勿言,非礼勿动。"遵守礼节,要一以贯之,不能三天打鱼,两天晒网,不能在闲的时候遵守,忙的时候不遵守,也不能在有利条件下遵守,在不利条件下不遵守。曾子在重病时仍然坚守礼节,将礼看得比生命还重,给人们树立了榜样。

到了今天,虽然礼节的具体内容与古代不同了,但是礼节对于个人道德培养和社会和谐有序的作用仍然未变,所以曾子的故事对今天的人们来说仍然具有重要意义。

国学常识

1.曾子:姓曾,名参,字子舆,春秋时期鲁国人,孔子的弟子,儒家学派的重要代表人物。

2.季孙:季氏孙,鲁国卿大夫。

第二十一课
推恩天下

孟子曰："老（动词，敬爱，敬重）吾老，以及（至，达到）人之老；幼（爱护）吾幼，以及人之幼。天下可运于掌。《诗》云：'刑（通"型"，典范，榜样）于寡妻（妻子），至于兄弟，以御（应用）于家邦。'言举斯心加诸彼而已。故推恩足以保四海，不推恩无以保妻子。古之人所以大过人者，无他焉，善推其所为而已矣。"

译 文

孟子说："尊敬我家里的老人，进而扩充到尊敬别人家的老人；爱护我家里的子女，进而扩充到爱护别人家的子女。如果人人都能这样做，天下太平的实现易如反掌。《诗经》说：'先给妻子做好榜样，再扩充到自己的兄弟，然后再进而影响家族与国家。'这句话的意思就是，要将自己的仁爱之心扩充到更远的地方。所以，能将自己的恩情扩充开，就可以安定天下，不能够将自己的恩情扩充，连自己的妻、儿也不会去爱护。古代的君子之所以远远超过一般的人，没有别的诀窍，只是他们善于扩充自己的仁心而已。"

理 解

本篇出自《孟子·梁惠王上》,阐述了孟子仁心扩充的思想。儒家重视亲亲之爱,亲亲,就是爱自己的亲人。但是亲亲只是仁爱的起点,其本身还不能算是道德,只有从亲亲出发,进而仁民、爱物,将对待自己亲人的爱扩充开来,进而去爱他人,乃至爱万物,达到博爱,才是君子的境界,也才是儒家"仁"的意义。

国 学 常 识

1.仁:儒家思想的核心概念,是人与社会的重要道德要求。仁首先是指内核,是一个人的先天仁心。从先天仁心出发,扩充出去,就是爱人和爱物,将仁作为政治的目标和施政的方法就是仁政。这些都是儒家所讲的"仁"。

第二十二课
楚王失弓

楚恭王出游，亡(失去)乌嗥(音 háo)之弓，左右(近臣，随从)**请求之**。王曰："止，楚王失弓，楚人得之，又何求之！"孔子闻之，惜乎其不大也。不曰"人遗弓人得之而已"，何必楚也！

译文

楚恭王有一次外出打猎，丢失了一张叫乌嗥的良弓，他的手下请求去寻找。楚王说："不必找了，我在楚地丢了弓，也是楚国人得到，何必去寻找！"孔子听闻后，惋惜楚王的胸襟不够广阔。不如说"人丢了弓，人得到"，何必局限于楚人呢！

理解

本篇出自《孔子家语·好生》，反映了儒家一视同仁的思想。人的心量和胸怀有大有小，于是区分为大人与小人。孔子希望人心能够超越个人、家庭、国家、民族，乃至种族的局限，由亲亲而仁民，由仁民而爱物，层层扩充，以至于天下。

如今社会,人与人之间的争吵、家与家之间的矛盾,乃至国与国之间的冲突,都源自于人心的狭隘,如果能广大人心,放下彼此的对立,一视同仁,那么人际关系、国际关系,乃至人与自然的关系,就能实现和谐。

1.楚恭王:也写作"楚共王",春秋时期楚国的国君,公元前590—前560年在位。

2.乌嗥:亦作"乌号",良弓名。

第二十三课
景公不知寒

　　景公之时，雨雪三日而不霁(雨后或雪后转晴，音jì)。公被(同"披"，覆盖，音pī)狐白之裘(皮衣)坐堂侧陛(宫殿的台阶)。晏子入见，立有间(片刻，有一会儿)，公曰："怪哉！雨雪三日而天不寒。"晏子对曰："天不寒乎？"公笑。晏子曰："婴闻古之贤君，饱而知人之饥，温而知人之寒，逸(安乐，闲适)而知人之劳。今君不知也。"公曰："善(表示应诺，对，好)。寡人(古代王侯对自己的谦称)闻命矣。"

　　乃出裘发粟，与饥寒。令所睹于涂(道路)者，无问其乡；所睹于里(街坊，古代五家为邻，五邻为里)者，无问其家；循国(在全国巡视。循：同"巡"，巡视)计数，无言其名。士既事者兼(加倍)月，疾者兼岁。

　　孔子闻之曰："晏子能明其所欲，景公能行其所善也。"

 译文

　　齐景公时，一连下了三天雪，仍不天晴。景公披着白毛狐狸皮衣，坐在殿堂侧边的台阶上。晏子进去见景公，站了一会儿，景公说："真奇怪啊！下了三天的雪，却不寒冷。"晏子回答道:"天气真的不寒冷吗?"景公笑了。晏子说:"我听说古代贤明的君王,自己吃饱时,要想到人民是否在挨饿,自己穿暖时,要想到人民是否穿得暖,自己安逸时,要想到人民是否在劳累。现在您却不知道这些啊。"景公说:"您说得对。我受教了。"

于是,齐景公下令给挨饿受冻的人发放皮衣与粮食。下令在路上看到这些人就发放,不要问他们是哪个乡的;在街坊看到这些人就发放,不要问他们住在哪里;在全国范围内巡视,统计数目,不要说出他们的姓名。已经担任职务的士,发放两个月的俸禄,有疾病的发放两年的俸禄。

孔子听到这件事以后说:"晏子能够明白如何达成自己的想法,景公懂得如何实现善举。"

理 解

本篇出自《晏子春秋·内篇谏上》,讲述了齐国丞相晏婴巧妙地引导景公关心人民,以及景公合理地救助百姓的故事。

《晏子春秋》里有许多故事是关于古代政治思想的,孔子说:"政者,正也。"政治,就是用正义去治理国家,让社会秩序归于正义。在古代社会中,最主要的政治关系就是君与臣的关系、君臣与人民的关系。晏婴作为齐国著名的大臣,认为国家的治理要以人民为本,应想人民之所想,忧人民之所忧。孔子说:"己所不欲,勿施于人。"自己不想挨饿,就要让人民也不挨饿,自己不想受寒,也要让人民不受寒。孟子也说:"独乐乐,不如众乐乐。"君王一个人快乐不是真的快乐,只有让天底下所有的人都过上快乐的生活,才是真正的快乐,也才是善良政治的目标。

国 学 常 识

1.齐景公：春秋时期的齐国君王，公元前547—前490年在位。

2.晏子：名婴，字仲，又叫晏婴，春秋时期齐国著名的政治家和思想家。

第二十四课
晏子与车夫

晏子为齐相，出，其御(驾驶马车的人)之妻从门间而窥(偷看)其夫。其夫为相御，拥大盖，策(用鞭子驱赶马，驾驭)驷马(套着四匹马的车。驷：音 sì)，意气扬扬，甚自得也。既而归，其妻请去。夫问其故，妻曰："晏子长不满六尺，身相齐国，名显诸侯。今者妾观其出，志念深矣，常有以自下者。今子长八尺，乃为人仆御，然子之意自以为足，妾是以(因此，所以)求去也。"其后夫自抑损(谦逊)。晏子怪而问之，御以实对。晏子荐以为大夫。

译 文

晏子当齐国辅佐大臣时，一天乘坐马车出门，车夫的妻子从门缝里偷看她的丈夫。她的丈夫替晏子驾车，头上遮着大伞，驾驭着四马大车，神气十足，得意洋洋。回家后，他的妻子请求离开他。车夫问她离开的原因，妻子说："晏子身高不到六尺，却是齐国的重要辅臣，名声在各国显扬。今天我看他外出，志向高远，思想深沉，常有谦逊的态度。而你身高八尺，只是他的车夫，却骄傲自满，因此我请求离开你。"车夫听到妻子的教训,从此就谦虚恭谨起来。晏子发现了他的变化,感到很奇怪,就问他,车夫如实相告。后来晏子推荐他做了大夫。

理 解

本篇出自《史记·管晏列传》,故事通过对晏子与车夫的对比,反映了晏子为人谦逊与志向高远的美德,又通过对车夫妻子的描述,体现了古代女子高洁的品格。这个故事告诉人们,一个人不管处境如何,都不能自暴自弃,要树立远大的理想,并为之而努力,当取得了一些成就、居于一定地位时,仍然要保持谦逊的态度与高远的志向,不可自满自骄。

国 学 常 识

1.诸侯:古代中央政权所分封的各国国君的统称。诸侯拥有自己的领地,名义上服从中央的领导,有向中央朝贡、述职、服役等义务。

第二十五课
保民之臣

如有一介（个，用于人）臣，断断（忠厚的样子）兮无他技，其心休休（宽厚的样子）焉，其如有容。人之有技，若己有之。人之彦圣（美善像圣人一样。彦：有德行和才学的人，音 yàn），其心好（音 hào）之，不啻（不止。啻：音 chì）若自其口出。是能容之，以保我子孙黎民，亦职有利哉！人之有技，冒疾（冒：通"媢"，嫉妒，音 mào。疾：通"嫉"，妒忌的意思）以恶（音 wù）之；人之彦圣，而违之俾（使，音 bǐ）不通，是不能容。以不能保我子孙黎民，亦曰殆（危害，音 dài）哉！

译文

假若有一个大臣，除了忠厚之外，没有别的本领，但是他心胸宽广，有容人之量。看到别人有本领，就如同自己有一样。看见别人高尚的德行，心中想要追求，而不只是嘴上说好。这样的人，心有容量，可以保护好人民，他去工作会对国家有利。相反，如果一个人看到别人有本领，就嫉妒厌恶，看到别人有德行，就想方设法去压制，这样的人，心胸狭隘，不仅不能保护好人民，反而会危害国家。

理　解

本篇出自《尚书·秦誓》，阐述了德行的重要性。在成人与成才的关系上，成人要高于成才，成人是前提。德行与技能比较，德行要高于技能，德行是基础。一个有德行的人，才能运用好技能，将技能用在正道上，即使没有技能，也能容人向善；相反，一个缺乏德行的人，往往会滥用技能，用技能做坏事，不能容人，损人利己。所以，古人主张厚德载物，先成人，再成才。

技术是中性的，可以用在好事上，也可以用在坏事上，所以，一个人不能仅限于技术的掌握，学习也不能止于一技之长。在技术至上的今天，我们必须将学习与教育回归到德行的培养上来，只有这样，技能的学习与运用才能发挥它真正的价值。

国 学 常 识

1.《尚书》：儒家经典著作，"六经"之一，中国上古历史文献和部分追述古代事迹著作的汇编，所记历史从尧舜到周代，跨越两千多年。

第二十六课
邵伯忧民

　　昔者周道之盛,邵伯在朝,有司(官吏)请营(建造)邵以居。邵伯曰:"嗟(文言叹词,表示忧叹,音jiē)!以吾一身而劳百姓,此非吾先君文王之志也。"于是出而就蒸庶(百姓。庶:音 shù)于阡陌(田野)陇亩(田地。陇:音 lǒng)之间而听断焉。邵伯暴处远野,庐(简陋居室)于树下,百姓大说(通"悦",喜悦,音 yuè),耕桑者倍力以劝。于是岁大稔(谷熟,音 rěn),民给(充足,音 jǐ)家足。其后,在位者骄奢,不恤元元(人民,百姓),税赋繁数,百姓困乏,耕桑失时。于是诗人见邵伯之所休息树下,美而歌之。《诗》曰:"蔽芾(草木茂盛的样子。芾:音 fú)甘棠,勿翦(同"剪",音 jiǎn)勿伐,召伯所茇(草舍,音 bá)。"此之谓也。

译 文

　　过去周朝兴盛的时候,邵伯在朝做官,官员请求为邵公建造官殿。邵伯说:"唉!为了我一个人而劳苦众多百姓,这不是我们先君文王的志向啊。"于是他离开国都,亲近百姓,在田间地头审理案件。邵伯露天居住在野外,在树下搭了一个茅屋,百姓十分高兴,耕田养蚕的人都付出双倍的努力去工作。于是这一年谷物丰收,家家丰衣足食。邵伯之后,在位的官员骄淫奢侈,不关心人民,赋税繁多,百姓贫穷困乏,耕种和养蚕都错失了农时。于是有诗人看见邵公曾经休息的那棵树,就作诗赞美歌颂邵伯。《诗经》中说:"棠梨茂密高大,枝叶勿剪掉,树干勿砍伤,邵伯曾住这树下。"说的就是这件事。

理 解

本篇出自《韩诗外传》,讲述了邵伯为官廉洁、关心百姓的故事。邵伯不愿劳民伤财修建宫殿,居住在田野大树之下,为百姓断案,既鼓舞了人们勤奋劳动,又获得了人们的赞美歌颂。文中所引的诗文出自《诗经·召南·甘棠》,这篇诗歌是人们专门为了纪念邵伯而作。

国 学 常 识

1.邵伯:姓姬,名奭(shì),西周宗室、大臣,因采邑位于召,故又称召公、召伯,又叫邵公、邵伯。姬奭执政,政通人和,深受百姓爱戴。

第二十七课
苛政猛于虎

　　孔子过泰山侧，有妇人哭于墓者而哀。夫子式（通"轼"，音 shì，古代车厢前面用作扶手的横木，以手抚轼，是古人表示尊敬的礼节）而听之，使子路问之。曰："子之哭也，壹（确实）似重有忧者。"而曰："然。昔者吾舅（古代称丈夫的父亲）死于虎，吾夫又死焉，今吾子又死焉！"夫子曰："何为不去也？"曰："无苛政（繁重的赋税和苛刻的法令，后来泛指苛刻残酷的政治统治）。"夫子曰："小子（古代长辈对晚辈，或老师对学生的称呼）识之，苛政猛于虎也！"

译文

　　孔子经过泰山旁，有个妇人在坟墓边哀痛地哭泣。孔子扶着车轼倾听，让子路前去询问。子路说："听到你的哭声，好像有深重的忧伤。"妇人答道："是啊。从前我的公公被老虎咬死，后来我的丈夫也被老虎咬死，现在我的儿子也被老虎咬死了！"孔子说："你为何不离开这里呢？"妇人说："这里没有繁重的赋税和苛刻的法令。"孔子说："学生们你们都要记住，残酷的政治比老虎还要凶猛！"

理 解

本篇出自《礼记·檀弓》,讲述了残酷政治对人民造成巨大危害的道理。孔子说:"政者,正也。"政治的本质是用正道来引导人民,规范秩序,但是在现实社会中,政治往往成为统治者谋取私利、压迫百姓的工具。所以,儒家提出仁政、德治的思想,要求统治者仁爱百姓,主张政治的根本目的是保护仁心、培养仁德、成就仁道。

国 学 常 识

1.仁政:儒家的政治主张,由孟子正式提出。仁政是将仁爱作为政治的出发点和落脚点,要求统治者从仁爱之心出发,去爱护百姓,以民为本,将培养美德作为政治的目的。

第二十八课
国之四维

　　凡有地牧(治理)民者，务在四时，守在仓廪(储存粮食的地方。廪：音 lǐn)。国多财则远者来，地辟(开辟)举(皆，都)则民留处，仓廪实则知礼节，衣食足则知荣辱，上服度(规范，法度)则六亲(父母，兄弟，妻子)固，四维(纲，关键)张则君令行。故省(减少)刑之要，在禁文巧；守国之度，在饰(通"饬"，整饬，整治，音 chì)四维；顺(通"训"，教诲)民之经(途径，方法)，在明鬼神(尊敬鬼神，以此彰明鬼神奖善惩恶的作用)，祗(恭敬，音 zhī)山川，敬宗庙，恭祖旧(祖先与祖先留下的传统)。不务天时则财不生，不务地利则仓廪不盈。野芜(土地不耕种而荒废)旷(荒废，使空闲)则民乃菅(通"奸"，犯法作乱，音 jiān)，上无量(标准，法规，音 liàng)则民乃妄(胡作非为)。文巧不禁则民乃淫(奢侈，无节制)，不璋(通"障"，阻塞)两原则刑乃繁。不明鬼神则陋民不悟，不祗山川则威令不闻，不敬宗庙则民乃上校(仿效)，不恭祖旧则孝悌不备。四维不张，国乃灭亡。

　　国有四维。一维绝(断)则倾，二维绝则危，三维绝则覆(颠覆)，四维绝则灭。倾可正也，危可安也，覆可起也，灭不可复错(通"措"，

处理)**也。何谓四维？一曰礼，二曰义，三曰廉，四曰耻。礼不踰**(同
"逾"，越过)**节，义不自进，廉不蔽**(庇护)**恶，耻不从枉**(不正，邪恶)**。故
不踰节则上位安，不自进则民无巧诈，不蔽恶则行自全，不从枉则
邪事不生。**

译　文

凡是治理国家的人，都应该按照四季的变化来安排人民的生活，让粮仓充实。国家的财富多了，远方的人就会前来；开辟的土地多了，人民就能安心留下来；粮仓充足了，人民才能知晓礼节；丰衣足食了，人民才会懂荣辱；官员依法办事了，六亲才能稳固；四维发扬了，君王的命令才能贯彻推行。因此，减少刑罚的关键，在于禁止奢侈；巩固国家的准则，在于发扬四维；教导人民的方法，在于尊敬鬼神、恭敬山川的神灵、敬重祖先与家族传统。不按照四季的变化来安排人民的生活，财富就不能增长；不去开辟更多的土地，粮仓就不能充实。土地荒芜，人民就游手好闲，犯法作乱；国家没有稳定的标准与法规，人民就会胡作非为。用于装饰的巧技不被禁止，人民就会追求奢侈；法令的源头不能统一，刑律就会繁多。不彰显鬼神的作用，普通百姓就不会自觉向善止恶；不恭敬山川的神灵，百姓就不会听从国家的命令；统治者不崇敬自己的祖先，人民就会仿效；不敬重祖先与家族传统，孝悌的执行就难以完备。四维不能够发扬，国家则会走向灭亡。

维系国家的准则有四样。失去一样，国家就会倾斜；失去两样，国家就会陷入危机；失去三样，国家就会被推翻；失去四样，这个国家就不再存在了。倾斜了可以扶正，陷入危机还能转为安全，被推翻了还可以再重新崛起，灭亡了就没有一点办法了。维系国家的准则有哪四样？一是礼，二是义，三是廉，四是耻。礼让人不越过规范，义使人有原则地去获取，廉让人不纵容邪恶，耻令人羞于作恶。所以，人民不越过礼节，上级的权位就会安定；人民有原则地去获取，人心就不会狡诈；人民不纵容邪恶，行为就能保全自己；人民羞于作恶，社会就不会产生邪恶的事情。

理　解

　　本篇出自《管子·牧民》，论述了国家治理的各种准则与方法，集中阐述了礼、义、廉、耻之"四维"的根本作用。

　　这篇文章的作者认为，国家的治理是一项综合工程，需要方方面面的配合，既要遵循自然的规律，发展经济，提高人民物质生活水平，制定法规，约束官员依法行政，还要进行道德的教育，改善人性。道德教育的根本是"四维"，"四维"即礼、义、廉、耻，是儒家一贯倡导的道德原则。孔子认为，一个国家如果只用法律来约束人民，人民虽然会因为害怕惩罚而遵纪守法，却不能生起羞耻心，也不能自觉地向善。所以，在法制的保障下，又要加强德治的作用。

　　在中国古代的早先时期，百姓信仰、敬畏神灵，统治者便顺应百姓的这一心理，借助神道来实现道德的教化。在今天这个科学昌明的时代，设神道教虽然已经不合时宜，但是祭祀祖先、继承家族传统、培养敬畏之心，仍然是必要的。

国 学 常 识

　　1.《管子》：依托管仲编集而成的一部论文集，成书时间大概在战国，作者并非一人。

第二十九课
钟仪操南音

　　晋侯观于军府（军用储藏库，也用以囚禁战俘），见钟仪，问之曰："南冠（楚冠，戴着楚国的帽子）而絷（拘禁，音 zhí）者，谁也?"有司（官吏）对曰："郑人所献楚囚也。"使税（释放）之，召而吊（安慰）之。再拜稽首（古时的一种跪拜礼，俯首至地）。

　　问其族，对曰："泠人（古代乐官。泠：音 líng）也。"公曰："能乐乎?"对曰："先父之职官也，敢有二事?"使与之琴，操（弹奏）南音（楚国的音乐）。公曰："君王何如?"对曰："非小人之所得知也。"固（执意）问之，对曰："其为太子也，师保（古代辅佐太子的官）奉之，以朝于婴齐而夕于侧也。不知其他。"

　　公语范文子，文子曰："楚囚，君子也。言称先职，不背本也。乐操土风，不忘旧也。称大子（太子。大：通"太"），抑无私也。名其二卿，尊君也。不背本，仁也。不忘旧，信也。无私，忠也。尊君，敏也。仁以接事，信以守之，忠以成之，敏以行之，事虽大，必济（成功，音 jì）。君盍（何不，音 hé）归之? 使合晋、楚之成。"公从之，重为之礼，使归求成。

译 文

晋景公视察军用仓库，见到钟仪，问官吏说："那个戴着楚国帽子的囚犯是谁？"官吏回答说："是郑国人所献的楚国俘虏。"晋景公命人把他释放了，召见并安慰他。钟仪叩头拜谢。

晋景公问他的家族背景，钟仪回答说："是乐官。"晋景公又问："能奏乐吗？"钟仪说："这是先祖一直传下来的职官，哪敢从事其他工作呢？"晋景公命人把琴给钟仪，钟仪弹奏了一曲楚国音乐。晋景公问："楚国的君王怎么样？"钟仪回答说："这不是我这个当臣下的能知道的。"晋景公执意再问，钟仪说："君王当太子时，有辅臣侍奉他，早晨向婴齐学习，晚上向公子侧请教。其他的就不知道了。"

晋景公把这些话告诉了范文子，文子说："这个楚国的囚犯是君子。他先说先祖的职官，这是不忘家族这个根本。奏的是楚国的音乐，这是不忘自己的祖国。举出君王做太子时期的事，这表明他没有私心，不去揭发君王而谋求私利。提到婴齐、公子侧这两位大臣的名字，这是在尊崇自己的君王。一个人不忘根本，说明他有仁心；不忘故旧，能讲信誉；没有私心，能忠于国家；尊崇君王，一定能勤敏做事。一个人用仁爱去接受事情，用信誉来守护，用忠诚来完成，用勤敏来执行，再大的事情，也一定能成功。君王何不放他回去，让他结成晋楚两国的友好。"晋景公听从了范文子的建议，对钟仪重加礼遇，让他回国为晋国向楚国表达友好。

理 解

本篇出自《左传·成公九年》，讲述了楚国乐官钟仪囚禁于晋国，展现出不忘本、不忘旧、不谋私等美德，并以此获得晋国国君尊重的故事。

德是做人的根本，有德，才能得到他人的尊重，失德，则会受到他人的鄙视。钟仪虽然成了俘虏被囚禁，但是他的美德仍然得到了敌人的尊重，被释放回国。现代人要学习钟仪的美德，不管身处何地，都不要忘记自己的父母和祖国，爱自己的家，爱自己的国，不能因为个人的安危与利益，背弃自己的父母和国家。

国 学 常 识

1.晋景公：春秋时期晋国君王，公元前599—前581年在位。

2.婴齐：字子重，春秋时期楚国令尹。令尹为楚国的执政官，相当于宰相。

3.公子侧：字子反，春秋时期楚国司马，掌管军事。

4.范文子：春秋时期晋国的政治家、军事家。

第三十课
国有三不祥

景公出猎，上山见虎，下泽(水草丛杂的湖泽)见蛇。归，召晏子而问之曰："今日寡人出猎，上山则见虎，下泽则见蛇，殆(大概)所谓不祥也？"晏子对曰："国有三不祥，是(代词，此，这)不与(参与，包括)焉。夫有贤而不知，一不祥；知而不用，二不祥；用而不任，三不祥也。所谓不祥，乃若此者。今上山见虎，虎之室也；下泽见蛇，蛇之穴也。如虎之室，如蛇之穴而见之，曷(怎么，音hé)为不祥也？"

译文

齐景公外出打猎，上山看见了老虎，下水看见了蛇。回来以后，召见晏子向他问道："今天我外出打猎，上山看见了老虎，下沼泽看见了蛇，大概是不吉祥吧？"晏子回答道："国家有三件不吉祥的事情，这些不在其中。有贤德的人不被知道，是第一件不吉祥的事；知道了却不任用，是第二件不吉祥的事；任用了却不委以重任，是第三件不吉祥的事。所谓不吉祥的事，主要指这三件。现在您上山看见了老虎，是因为那里本来就是老虎的住处，下水看见了蛇，是因为那里本来就有蛇的洞穴。在老虎的住处看到老虎,去蛇的洞穴看见了蛇,怎么能说是不吉祥呢?"

理解

本篇出自《晏子春秋·内篇谏下》。齐景公迷信,认为出门看见了老虎和蛇,就预示着不吉利的事情将要发生。这种观念在古代乃至现代都是很常见的,人们常常将两种没有必然联系的事情人为地联系起来,组成因果关系,如把见到老虎当作"因",把将来发生的某件不吉利的事情当作"果",实际上这两件事情根本没有必然的因果关系。晏子对这些事情加以客观合理的解释,并借机引导齐景公应专注于政治,"在其位,谋其政",对于君王来说,真正不祥的不是老虎和蛇,而是自己的昏庸,所以劝谏君王任贤使能。

1.《晏子春秋》:一部记载春秋时期齐国政治家晏婴言行的典籍。

　　鲁监门(守门小吏)**之女婴相从**(和同伴在一起)**绩**(把麻搓捻成线或绳)**，中夜而泣涕。其偶曰："何谓**(与"为"通用。何谓：为何，为什么)**而泣也？"婴曰："吾闻卫世子不肖**(品行不好，没有出息。肖：音xiào)**，所以泣也。"其偶曰："卫世子不肖，诸侯之忧也。子曷为泣也？"婴曰："吾闻之，异乎子之言也。昔者宋之桓司马得罪于宋君，出奔于鲁，其马佚**(散失，逃亡，音yì)**而骣**(马卧在土中，音zhàn)**吾园，而食吾园之葵。是岁**(这一年。是：这，此)**，吾闻园人亡利之半。越王勾践起兵而攻吴，诸侯畏其威。鲁往献女，吾姊**(姐姐，音zǐ)**与焉。兄往视之，道畏而死。越兵威者吴也，兄死者，我也。由是观之，祸与福相及**(关联，连累)**也。今卫世子甚不肖，好兵，吾男弟三人，能无忧乎？"《诗》曰："大夫跋涉，我心则忧。"是非类与乎？**

 译　文

　　鲁国门吏的女儿婴与同伴一起捻线，半夜哭泣。同伴问她："为何哭泣？"婴回答说："我听说卫国太子不贤能，所以哭泣。"同伴说："卫国太子不贤能，应该由诸侯们去忧虑。你为何要哭泣呢？"婴说："你所说的与我听说的道理不同。过去宋国司马桓魋得罪了君王，逃亡鲁国，失散的战马卧在我国人民的菜园里休息，吃菜园里的冬葵。这一年，我听说这个园子里的菜农少了一半的收成。越王勾践起兵攻打吴国，诸侯们畏惧他的威势。鲁王献美女给勾践，我的姐姐也在其中。我哥哥去看望她，在路上因恐惧而死。越国的威势虽然是针对吴国的，但是死了兄弟的，却是我。所以，一件事情不管是祸还是福，都会影响和连累到其他事情。如今卫太子不贤能，好战，我有三个弟弟，能不忧愁吗？"《诗经》说："大夫急行，忧愁我心。"卫太子不贤能与婴的生活真的无关吗？

理 解

本篇出自《韩诗外传》，讲述了鲁国门吏女儿婴担忧卫国太子好战而可能连累自己弟弟的事情，表达了个人与国家之间存在密切关系的思想。古人说："覆巢之下，焉有完卵？"意思是：翻倒的鸟窝里不会有完好的卵。所以，国家的治乱与个人的祸福是相互影响的。一个国家是由全体人民组成的，每一个人的行为都对整个国家产生影响，所以，国家的治乱，每个人都有责任，"天下兴亡，匹夫有责"；反过来说，每一个人又都生活在国家中，国家为个人的生活提供了安全保障，所以，一个国家的发展状况又决定了个人是否幸福。

近代中国，外敌入侵，社会动荡不安，国家没有力量保护人民，那时的中国人生活极其悲惨。现如今，中国社会稳定发展，于是才有了人民的安居乐业。所以，鲁监门之女婴与卫国太子虽然不是一类人，其命运却紧紧地联系在一起，又处在同类之中。

国 学 常 识

1.世子:古代天子、诸侯的嫡长子、继承人。

2.司马:古代官职的名称,掌管军政和军赋。"司马"原本是专门负责管理马匹的官,由于马匹在古代战争中发挥着重要作用,所以司马成为管理军政的重要职务,仅次于将军。

第三十二课
屈伸有节

　　子路问于孔子曰："由闻丈夫(大有作为的人)居世,富贵不能有益于物,处贫贱之地而不能屈节(失去尊严、节操。屈:使弯曲。节:操守,品德)以求伸(伸展,这里指事业的发展),则不足以论乎人之域矣。"孔子曰:"君子之行己,期于必达于己。可以屈则屈,可以伸则伸。故屈节者,所以(因为)有待(不能独立,有所依赖);求伸者,所以及时(把握时机)。是以虽受屈而不毁其节,志达而不犯于义。"

译 文

　　子路问孔子说:"我听说大丈夫生活在世间,富贵时不做对社会有利的事,贫贱时不能委屈自己以求发展,这样的人是不能被称为大丈夫的。"孔子说:"君子去做事,一定也是期望能达到自己目标的。可以委屈的时候便可以委屈,可以发展时便可以发展。但是有些人委屈,便会失去操守,是因为人格不能独立,有所依赖;求发展却不顾一切,是因为急于要把握时机。所以君子虽然可以委屈自己,但不能损害操守;虽然想获得成功,但不能干有损正义的事。"

理　解

　　本篇出自《孔子家语·屈节解》,阐述了君子做事屈伸有节的道理。在这一段对话中,子路认为,大丈夫只要能达到自己的目标,并做出对社会有利的事情就可以了,至于方式方法则不必考虑,能屈就屈,能伸就伸,哪怕是人格受到屈辱、节操受到损害也无所谓。孔子的观点与子路不同:一方面,孔子认为,君子做事,可以不拘一格,灵活应变,需要委屈的时候可以委屈,有利于发展的时候当然要去发展;但是另一方面,委屈和发展都是有前提的,不能因为委屈而丢掉了自己做人的原则和道德的底线,不能因为要发展去干有损于社会公德的事情。

　　孔子认为,君子可以"屈",但不可以"屈节",可以委屈自己,但在节操和底线上不能委屈。君子可以"伸",但不可以"求伸",遇到有利条件,可促成发展,但不可以强求发展,强求发展,就容易失去原则。所以,大丈夫能屈能伸,但是屈伸有节。

国 学 常 识

　　1.《孔子家语》:又名《孔氏家语》,或简称《家语》。全书共十卷,四十四篇,它是关于孔子及其弟子言行的资料汇编。

第三十三课
德出福反

　　孔子曰："德不孤，必有邻。"夫施德者贵不德（施德不索求回报），受恩者尚必报；是故臣劳勤以为君，而不求其赏，君持施以牧（管理）下，而无所德。故《易》曰："劳而不怨，有功而不德，厚之至也。"君臣相与（相处），以**市道**（市场交易之道）接，君县（同"悬"，系联，维系，音xuán）禄以待之，臣竭力以报之，逮（同"迨"，等到，音dài）臣有不测（预料之外的）之功，则主加之以重赏，如主有超异之恩，则臣必死以复之。

　　孔子曰："北方有兽，其名曰蹷（古代传说中的一种兽，音jué），前足鼠，后足兔。是兽也，甚矣其爱蛩蛩巨虚（古代传说中的两种兽，形影不离，故而合称。蛩：音qióng）也，食得甘草，必啮（用嘴咬，音niè）以遗蛩蛩巨虚，蛩蛩巨虚见人将来，必负蹷以走。蹷非性之爱蛩蛩巨虚也，为其假（借用，利用）足之故也。二兽者，亦非性之爱蹷也，为其得甘草而遗之故也。夫禽兽昆虫，犹知比（亲近）假而相有报也，况于士君子之欲与名利于天下者乎？夫臣不复君之恩，而苟营（贪图享受，苟且谋求）其私门，祸之原也；君不能报臣之功，而惮（害怕，音dàn）行赏者,亦乱之基也。夫祸乱之原,基由不报恩生矣。"

秦缪公尝出而亡其骏马,自往求之,见人已杀其马,方(正当,正在)共食其肉。缪公谓曰:"是吾骏马也。"诸人皆惧而起。缪公曰:"吾闻食骏马肉不饮酒者杀人。"即以次饮之酒。杀马者皆惭而去。居(过了)三年,晋攻秦缪公围之,往时(往日,过去的时候)食马肉者相谓曰:"可以出死报食马得酒之恩矣。"遂溃(打破)围,缪公卒(终于)得以解难胜晋,获惠公以归。此德出而福反(回报)也。

译 文

孔子说:"拥有美德的人不会孤单,一定会有人亲近。"施于他人恩德的人贵在不索求回报,接受他人恩德的人重视报答;所以臣子为了君王尽心尽力,而不求赏赐,君王以施展恩德来管理下属,并不求回报。所以《易传》说:"辛劳而不去抱怨,有功而不求回报,这是最敦厚的美德了。"君臣相处,以市场交易之道来交往,君王用俸禄来对待臣子,臣子竭尽全力来回报君王,等到臣子做出预料之外的功劳,君王赐予重赏,如果君王给予臣子超出一般的极大恩惠,则臣子也一定会以死来报答。

孔子说:"北方有一种异兽,名叫蟨,前脚像鼠,后脚像兔。这种兽,非常喜欢和蛩蛩巨虚待在一起,蟨得到了食物甘草,一定用嘴巴咬着留给蛩蛩巨虚,蛩蛩巨虚见到有人过来,也一定会背着蟨一起逃离。蟨不是在本性上就喜爱蛩蛩巨虚,只是要借用蛩蛩巨虚的双腿来奔跑。蛩蛩巨虚也不是在本性上就喜爱蟨,只是为了得到蟨留下的甘草。禽兽昆虫尚且知道相互亲近、利用,并相互报答,更何况是想在天下得到名利的士君子呢?臣子如果不报答君王的恩德,而只去谋求自己的私利,这是臣子灾祸的根源;君王如果不对臣子的功劳给予相应的回报,反而害怕付出赏赐,这是国家混乱的起因。这些灾祸和混乱的源头,都是由不报恩引起的啊。"

秦缪公曾经外出而丢失了骏马,他亲自前往寻找,看见有人已经把马杀了,正在一起吃马肉，缪公对他们说："这是我的骏马。"这些人都惊恐地站起来。缪公说："我听说，吃骏马的肉如果不喝酒，人就会死。"于是拿酒给他们喝。杀马的人都惭愧地离开了。过了三年，晋国攻打秦国，秦缪公被围困，以前那些吃骏马肉的人互相说道："我们可以以死报答缪公让我们吃马肉和喝好酒的恩德了。"于是，他们击溃了包围秦缪公的晋军，缪公终于解除了困境，并战胜了晋国，俘虏了晋惠公。这就是给人恩德而得到福报的事例。

理　解

本篇出自《说苑·复恩》，阐述了知恩图报的重要性，并通过秦缪公以仁爱待人最终得到福报的故事来加以说明。

中国文化大多强调好人有好报，种善因方能得善果，这不仅是在劝人向善，也是在说明一个事实。虽然在现实的生活中，好人不一定有好报，种下善的种子也不一定就能立即得到善的果实，甚至还有可能适得其反，好心遭到恶报，但是，这种情况是少见的、极端的和偶然的。在一般情况下，当你用仁爱对待他人时，他人也会感受到来自你的关爱，并以仁爱回报给你。人心之间是能够相互感应的，所以有美德的人往往会有好的回报。这种理念应该贯彻于社会的各个方面，应该成为处理政治关系、人际关系的一项基本守则，不管是君与臣，还是官与民，都要懂得施恩而不求报、受恩而必回报的道理，如果人人都能做到，相信我们的社会就会更加和谐。

国 学 常 识

1.《易》：原指《周易》一书，"六经"之一，国学经典。此处所引内容为《易传·系辞上》之文。《易传》是先秦儒家解释和研究《周易》的论文，共十篇，合称《易传》,又称"十翼"。

　　2.秦缪公:又叫秦穆公。缪,古同"穆","穆"是他的谥号。秦缪公是春秋时期秦国的君王,姓嬴,名任好,在位时,使秦国成为"春秋五霸"之一。

　　3.惠公:春秋时期晋国国君,公元前651—前637年在位。

第三十四课
舍生取义

　　鱼，我所欲也，熊掌亦我所欲也；二者不可得兼，舍鱼而取熊掌者也。生，亦我所欲也，义亦我所欲也；二者不可得兼，舍生而取义者也。生亦我所欲，所欲有甚于生者，故不为苟得(不当得而得)也；死亦我所恶(讨厌，憎恨，音wù)，所恶有甚于死者，故患(灾祸)有所不辟(同"避"，躲开，音bì)也。如使人之所欲莫甚于生，则凡可以得生者，何不用也？使人之所恶莫甚于死者，则凡可以辟患者，何不为也？由是则生而不用也，由是则可以辟患而有不为也。是故所欲有甚于生者，所恶有甚于死者。非独贤者有是心也，人皆有之，贤者能勿丧耳。

　　一箪(古代盛饭的圆竹器，音dān)食，一豆(古代一种盛食物的器皿)羹，得之则生，弗得则死。嘑(同"呼"，粗暴地呵斥)尔而与之，行道之人弗受；蹴(踩踏，音cù)尔而与之，乞人不屑(形容轻视)也；万钟(古代容量单位)则不辨礼义而受之。万钟于我何加焉？为宫室之美、妻妾之奉、所识穷乏(贫苦)者得我与？乡(昔日，音xiàng)为身死而不受，今为宫室之美为之；乡为身死而不受，今为妻妾之奉为之；乡为

身死而不受,今为所识穷乏者得我而为之。**是亦不可以已**(太,过)
乎? 此之谓失其本心。

译　文

　　鱼是我想要的,熊掌也是我想要的;如果这两样东西不能同时得到,我就舍弃鱼而要熊掌。生命是我想要的,正义也是我想要的;如果这两样东西不能同时得到,我就舍弃生命而要正义。生命是我想要的,但还有比生命更重要的东西,所以我不会毫无原则地去保存生命;死是我所厌恶的,但还有比死亡更令我厌恶的,所以有些灾祸我不去逃避。如果一个人最想要的是生命,那么为了求得生存,他有什么事情干不出来呢? 如果一个人最厌恶的是死亡,那么为了逃避灾祸,他有什么事情干不出来呢? 干了这些事,就可以求得生存,却不去干;干了这些事,就可以逃避灾祸,却不去干。由此可知,有比生命更重要的东西,也有比死亡更令人厌恶的东西。不是只有贤人才有这样的心,人人皆有,只不过贤人能够保持这种心罢了。

　　一份饭,一碗汤,得到就能存活,得不到就会饿死。粗暴呵斥着给人,路上饥饿的人都不会接受;脚踩过再给人,就是乞丐也不屑于要;但是有些人在接受万钟的俸禄时,却不问是否合乎礼义。万钟的俸禄对于我的德行来说有什么意义呢? 难道我是为了华丽的住宅、妻妾的侍奉和我所认识的穷人羡慕我吗? 过去宁肯去死也不接受的,今日为了华丽的住宅而接受了;过去宁肯去死也不接受的,今日为了妻妾的侍奉而接受了;过去宁肯去死也不接受的,今天却为了获得让认识的穷人羡慕我而接受了。这难道不是太过分了吗? 这就叫本心的丢失。

理 解

本篇出自《孟子·告子上》，讲的是正义高于生命、舍生取义、勿忘本心的道理。

生命诚可贵，却有比生命更加可贵的东西，这便是正义。孔子说："志士仁人，无求生以害仁，有杀身以成仁。"君子不会为了自己的生存而放弃正义，只会在紧要关头放弃生命，成就正义。人之所以为人，区别于禽兽，就在于人有本心、良知，能持有本心、良知的人是不会为了自己的生存而无所顾忌的，不会为了一己私利去残害他人。所以，我们要珍爱生命，但又不能把生命看得高于一切，否则很容易丧失做人的道德底线，做出伤天害理的事情。

国 学 常 识

1.义：儒家思想的重要概念，"五常"之一。"义"是指正义，一个人在是非选择时，不被欲利左右，而要选择正义，只有符合正义的行为才是正当的、合宜的。所以，"义"是一个人的基本行为准则。

2.本心：人先天具备的心。孟子认为任何一个人生来都具有恻隐之心、羞恶之心、辞让之心和是非之心，这些就是本心，顺着本心去修养就能成善，昧着本心去做事就会变恶。

第三十五课
君子戒斗

　　凡斗者，必自以为是，而以人为非也。己诚（的确，实在）是也，人诚非也，则是己君子而人小人也。以君子与小人相贼害也，忧以忘其身，内以忘其亲，上以忘其君，岂不过甚矣哉！是人也，所谓以狐父（古代地名，以出产优质的戈著称）之戈（古代的一种兵器，横刃，用青铜或铁制成，装有长柄，音 gē）钃（斫，音 zhú）牛矢（牛屎。矢：同"屎"，粪便，音 shǐ）也。将以为智邪（同"耶"，疑问词，音 yé）？则愚莫大焉。将以为利邪？则害莫大焉。将以为荣邪？则辱莫大焉。将以为安邪？则危莫大焉。人之有斗，何哉？我欲属之狂惑、疾病邪，则不可，圣王又诛之；我欲属之鸟鼠禽兽邪，则不可，其形体又人而好恶多同。人之有斗，何哉？我甚丑之。

　　有狗彘（狗与猪，比喻行为卑鄙的人。彘：音 zhì）之勇者，有贾（商人，音 gǔ）盗之勇者，有小人之勇者，有士君子之勇者。争饮食，无廉耻，不知是非，不辟（同"避"，躲开）死伤，不畏众强，悻悻然（喜欢而想得到的样子。悻：音 móu）唯利饮食之见，是狗彘之勇也。为事利，争货财，无辞让，果敢而振（亢奋），猛贪而戾（暴虐），悻悻然唯利之见，

083

是贾盗之勇也。轻死而暴，是小人之勇也。义之所在，不倾（偏向）于权，不顾其利，举国而与之，不为改视（动容，意志摇摆），重死持义而不桡（同"挠"，屈服），是士君子之勇也。

译 文

　　凡是斗殴的人，一定认为自己是对的，别人是错的。如果自己真的是对的，别人真的是错的，那么自己就是君子而别人就是小人。自己是君子，却和小人相互残害，这是忘记了对自己安危的忧虑，忘记了亲人的担忧，忘记了对君王的职责，这难道不是过错太大了吗！这种人的行为，就好像用狐父产的名戈来砍牛屎。这样做明智吗？其实没有比这更愚蠢的了。这样做有利吗？其实没有比这更有害的了。这样做荣耀吗？其实没有比这更耻辱的了。这样做安全吗？其实没有比这更危险的了。人们发生斗殴，是为了什么呢？我想把这种行为归属为疯狂、疾病吧，却不可以，因为圣明的君王要处罚斗殴；我想把他们归属为鸟鼠禽兽吧，也不可以，因为他们的形体是人，其好恶也大多和别人一样。人们会斗殴，是出于什么呢？我非常厌恶这种行为。

　　有狗和猪的勇敢，有商人和盗贼的勇敢，有小人的勇敢，有士君子的勇敢。争夺饮食，不讲廉耻，不知对错，不避死伤，不管是否有众多强敌在前，见到喜欢的饮食就不顾一切地上前，这是狗和猪的勇敢。为了利益而从事，因为财货而争夺，不相互辞让，心中亢奋而无所敬畏，凶猛贪婪而暴虐，见到喜欢的利益就不顾一切地上前，这是商人和盗贼的勇敢。轻率赴死，凶残暴虐，是小人的勇敢。正义在前，不向权势偏护，哪怕是将整个国家都给他，也不能让他动容，坚守正义，哪怕身死也不屈不挠，这是士君子的勇敢。

理 解

本篇出自《荀子·荣辱》。在这篇文章中,荀子告诉人们不要因为利益与情欲与人斗殴,通过区别狗猪的勇敢、商人盗贼的勇敢、小人的勇敢和君子的勇敢,说明君子的勇敢的合理性,因为君子的勇敢不是为了一己私欲,而是正义。

荀子认为,斗殴是因为人们不理智造成的,君子既有仁爱之心,又是有理智的。孔子说:"及其壮也,血气方刚,戒之在斗。"年轻人血气方刚,做事情有时会凭着一时的冲动,缺乏深思熟虑,行动时不冷静,忘乎所以,事后悔恨。所以古代圣贤告诫容易冲动的年轻人要"三思而后行",以心御气,不以气御心,如果遇到不可避免的争端,即使自己是对的,也要采取平和的方式,通过法律的手段解决问题。斗殴的危害很大,不仅会伤害自己和家人,而且还危害社会的安定和良好风气的形成,所以君子戒斗。

君子虽然戒斗,但是君子也是勇敢的,只不过君子的勇敢不是用于斗殴逞强,也不是用来争名夺利,而是践行正义。孔子说:"无欲则刚","见义不为,无勇也"。可见,真正的勇敢是能克制自己的欲望,见义勇为。

国 学 常 识

1.荀子:名况,战国末期赵国人,著名思想家、文学家、哲学家,儒家最重要的代表人物之一,代表著作《荀子》。

第三十六课
荀子劝学

　　君子曰：**学不可以已**（停止）。**青**（靛青，用来染布的蓝色染料。靛：音
diàn）**，取之于蓝而青于蓝；冰，水为之而寒于水。木直中**（符合，音
zhòng）**绳**（木工用的墨线，引申为标准、法则）**，𫐓**（通"煣"，用火烤木材使弯曲，
音 róu）**以为轮，其曲中规**（木工画圆的工具，犹如今天的圆规）**，虽有槁暴**
（被风吹日晒而干枯。槁：枯，音 gǎo。暴：同"曝"，晒干，音 pù）**，不复挺**（支
撑）**者，𫐓使之然也。故木受绳则直，金**（金属制的刀剑）**就**（靠近）**砺**（磨
刀石，音 lì）**则利，君子博学而日参省**（参验，反省。省：音 xǐng）**乎己，则智
明而行无过矣。**

　　**故不登高山，不知天之高也；不临深溪，不知地之厚也；不闻先
王之遗言，不知学问之大也。干**（音 gàn）**越、夷貉**（同"貊"，音 mò）**之
子，生而同声，长而异俗，教使之然也。《诗》曰："嗟**（文言叹词，音
jiē）**尔君子，无恒安息。靖**（安定）**共**（通"恭"，恭敬忠实，音 gōng）**尔位，
好是正直。神之听之，介**（动词，佐助）**尔景**（高，大）**福。"神莫大于化
道，福莫长于无祸。**

086

译　文

　　君子说:学习永远不可以中止。靛青是从蓝色的染料中提取出来的,却比蓝色还要蓝;冰是水变成的,却比水还要寒。木材只有符合绳墨才能直,只有经过火烤才能弯曲制成车轮,弯曲也必须符合圆规,即使是一根晒枯了的木头,不能再支撑重量,经过火烤之后仍然能使它恢复。所以木材按照绳墨的标准才能笔直,刀剑通过磨砺才能锋利,君子学识广博,并每日用所学知识反省参验自己,这样就能开启智慧,使行为没有过错。

　　所以,不登上高山,就不知道天有多高;不走近深渊,就不知道地有多厚;不听闻古代圣贤的话,就不知道学问有多广大。干越和夷貉的子女,一生下来所发的声音相同,长大之后却有不同的语言和习俗,这些都是教化的结果。《诗经》说:"哎呀! 君子啊! 不能贪图安逸,安心恭谨地对待你的职位吧,追求正义,为人正直,神明会听到的,并赐给你巨大的幸福。"没有比教化之道的神力更广大了,没有比无灾祸的幸福更长久了。

理　解

　　本篇出自《荀子·劝学》,阐述了学习教育对于人成长的根本作用。

　　在诸子百家中,儒家最重视学习,《论语》第一篇是《学而》,《荀子》第一篇是《劝学》,可见,儒家圣贤们把学习看得多么重要! 荀子认为:人生下来彼此差别不大,但是为什么后来的差别越来越大呢? 原因就是学习,因为学了不同的文化,学习的程度有所不同,所以人们从相似的起点出发,后天的差别却越来越大,学习是改变一个人的根本力量。其次,学习要有标准和规范,有的人学好,有的人学坏,所以学习不能乱学,要向贤能的人学习德行,向学识渊博的人学习知识。最后,学习是不能一下子成功的,学习应该伴随着一个人的一生,活到老,学到老,让学习成为习惯,成为一种日常生活方式。

1.干越:春秋时期的吴越。

2.夷貉:古代东北方的少数民族。

第三十七课
积习成性

　　积土而为山，积水而为海，旦暮积谓之岁。至高谓之天，至下谓之地，宇（空间）中六指（上下四方）谓之极，涂之人（普通人）、百姓，积善而全尽谓之圣人。彼求之而后得，为之而后成，积之而后高，尽之而后圣。故圣人也者，人之所积也。人积耨耕（种地，干农活。耨：锄草，音nòu）而为农夫，积斫（砍，劈，音zhuó）削而为工匠，积反（通"贩"，贱买而贵卖，音fàn）货（买进卖出，指交易）而为商贾（商人。贾：音gǔ），积礼义而为君子。工匠之子莫不继事，而都国之民安习其服（事情）。居楚而楚，居越而越，居夏而夏，是非天性也，积靡（慢慢地，音mí）使然也。故人知谨注错（即注措，安排处置自己的行为），慎习俗。大积靡，则为君子矣；纵情性而不足问学，则为小人矣。

　　为君子则常安荣矣，为小人则常危辱矣！凡人莫不欲安荣而恶危辱，故唯君子为能得其所好，小人则日徼（同"邀"，招致，音yāo）其所恶。《诗》曰："维此良人，弗求弗迪（进，这里指非分之想或过分的要求）；维彼忍心（狠心，这里指小人），是顾（回头看，这里指反复）是复。民之贪乱，宁为荼毒（苦菜与毒虫，比喻毒害、残害。荼：音tú）。"此之谓也。

译 文

山是由土一点点积累形成的,海是由水一点点汇聚起来的,一年是由日日夜夜叠加构成的。最高的叫作天,最低的叫作地,空间六个方位所能达到的最远处叫作极,普通人和众百姓积累善行而达到尽善尽美叫作圣人。这些极限都是努力追求然后才能得到的,是积极作为然后才能成功的,是逐渐积累然后才能穷尽的,是尽善尽美然后才能成圣的。所以圣人是人们德行积累逐渐形成的。长期干农活的人逐渐就会成为农夫,长期从事砍削事情的人逐渐就会成为工匠,长期交易买卖货物的人逐渐就会成为商人,长期学习礼义道德的人逐渐就会成为君子。工匠的儿子大都继承了工匠的手艺,都市里的人们大都自然地顺延都市人做的事情。一个人长期住在楚国慢慢就成了楚国人,长期住在越国慢慢就成了越国人,一个其他民族的人长期住在华夏民族慢慢就成了华夏人,这些都不是天性决定的,而是由长期的积习慢慢养成的。所以人们要懂得小心地安排行为,谨慎地对待习惯风俗。推崇德行的积累,就可以成为君子;放纵自己的情欲而不重视学习,就会变成小人。

君子常常能得到安定,受人敬重,小人却常常处在危险之中,被人瞧不起!凡是人没有不想得到安定、受人敬重的,也没有不想远离危险、遭人鄙视的,然而,只有君子能得到人们想得到的东西,小人却每日都在招致人们所厌恶的东西。《诗经》说:"唯有这个人心地善良,没有过分的求取,没有非分的要求;唯有那个人心地狠毒,说话做事反复无常。人民如今贪婪暴乱,都是深受毒害导致的啊!"说的就是这个意思。

理 解

本篇出自《荀子·儒效》,阐述了儒家积习成性的思想。

荀子认为,人与人之间是有差别的,有的人贤能,有的人愚笨,有的人道德高尚,有的人品格低劣,有的人从事脑力劳动去管理人,有的人从事体力劳动被人管理,但是,这些差别并不是生下来就决定的,而是由后天的作为一点一滴地积累的。人性不是生来就是的,而是养成的,所以,每一个人生来都是平等的,前途掌握在自己的手中,由自己决定,只要在正确的道路上付出足够的努力,日积月累,就能渐渐地走近理想中的目标。

不管是人性的进步,还是社会的发展,都是如此。如果整个社会弥漫着不良风气,大多数人都会逐渐变成坏人;如果整个社会都在宣扬正义的作风,社会中的大多数人都会逐渐变成好人。所以,环境、风气和积习真的太重要了!

国学常识

1.夏:即华夏、中华、中土,相对于夷蛮戎狄四方来说,指中原地区,也泛指中国。

第三十八课
韩愈《师说》

古之学者必有师。师者，所以传道受（通"授"，教，传给）业解惑也。人非生而知之者，孰能无惑？惑而不从师，其为惑也，终不解矣。生乎吾前，其闻道也固（必，一定）先乎吾，吾从而师之；生乎吾后，其闻道也亦先乎吾，吾从而师之。吾师道也，夫庸（怎么，表示反问）知其年之先后生于吾乎？是故无贵无贱，无长无少，道之所存，师之所存也。

嗟乎！师道之不传也久矣，欲人之无惑也难矣！古之圣人，其出人也远矣，犹且从师而问焉；今之众人，其下圣人也亦远矣，而耻学于师。是故圣益圣，愚益愚。圣人之所以为圣，愚人之所以为愚，其皆出于此乎？

爱其子，择师而教之；于其身也，则耻师焉，惑矣！彼童子之师，授之书而习其句读（也作"句逗"，指断句。古籍中没有标点，后人在阅读时加逗号表示停顿，加句号表示休止。读：音 dòu）者，非吾所谓传其道解其惑者也。句读之不知，惑之不解，或师焉，小学而大遗，吾未见其明也。

巫医(古代以祈神、占卜等方式为人治病的人)乐师(专门从事歌唱、奏乐的人)百工(各种工匠，泛指古代的手工艺人)之人，不耻相师。士大夫之族，曰师曰弟子云者，则群聚而笑之。问之，则曰："彼与彼年相若(相近，相仿)也，道相似也。位卑则足羞，官盛则近谀。"呜呼！师道之不复，可知矣！巫医乐师百工之人，君子(此处指贵族男子)不齿(不与并列，表示鄙视。齿：并列)，今其智乃反不能及，其可怪也欤(文言助词，表示感叹、疑问、反诘等语气，音yú)！

圣人无常师。孔子师郯(音tán)子、苌(音cháng)弘、师襄、老聃(音dān)。郯子之徒，其贤不及孔子。孔子曰："三人行，则必有我师。"是故弟子不必不如师，师不必贤于弟子，闻道有先后，术业有专攻，如是而已。

李氏子蟠，年十七，好古文，六艺(六经，即《诗》《书》《礼》《乐》《易》《春秋》，也泛指儒家经典)经(儒家经典文本)传(对经典的注释)皆通习之。不拘于时(当前，现在)，学于余(我)。余嘉其能行古道，作《师说》以贻(赠送，音yí)之。

译　文

古时候求学的人一定要有老师。老师，是传授道理、讲授专业知识和解答疑惑的人。人不是生来就明白道理和拥有知识的，谁能没有疑惑呢？有了疑惑，却不向老师请教，这些疑惑可能永远也得不到解决。比我先出生的人，听闻道理也一定比我早吧，我要向他学习；比我后出生的人，也有可能比我先听闻道理，这样的人也可以当我的老师。我要学习的是道理，谁有道理谁就是我的老师，哪管他的年岁是比我大还是比我小呢？所以，无论他的身份是高贵还是低贱，年龄是大还是小，道理存在的地方，老师就在那里。

唉！跟随老师学习的风尚已经失去很久了，想要人解除疑惑也变得非常困难！古时候的圣人，大大超过了一般人，尚且要向老师请教；现在的一般人，远远不如圣人，却把向老师请教看成耻辱。因此，圣人会更加圣明，愚人会更加愚笨。圣人之所以成为圣人，愚人之所以成为愚人，不正是由于这个原因吗？

疼爱自己的孩子，都会选择老师来教育他们；对于自己，却以向老师请教为耻辱，这真是太糊涂了！那些孩子的老师，传授书本上的知识和断句的方法，这些并不是我所说的传授道理和解答疑惑。断句的方法不懂得，有了疑惑不能解决，有的人知道向老师请教，但是小的问题学习了，大的疑惑反而放弃了，在我看来，这是不明智的。

不管是巫医、乐师，还是各行的工匠们，他们将同行当作自己的老师，相互学习，并不以为耻辱。那些有地位有官职的士大夫，一听说"老师""学生"这样的称呼，就会有许多人聚集在一起嘲笑。问他们为什么这样，他们就说："那个自称学生的和那个被叫作老师的年龄差不多，学问水平也相近。如果那个老师地位低，向他请教足以让人感到羞耻；如果那个老师官职高，向他请教就是在讨好谄媚。"唉！从师学习的风尚已经不在了，从这点就可以知道！巫医、乐师和各行的工匠们，因为社会地位低，常被贵族鄙视，可如今这些贵族的见识还不如他们，这真是太奇怪了！

圣人没有固定的老师。孔子就曾向郯子、苌弘、师襄、老聃等人请教。像郯子这些人，他们的德才在许多方面并不如孔子。孔子说："几个人一起行走，其中一定有可以当我老师的人。"所以学生不一定比不上老师，老师也不一定要比学生高明，懂得道理有先有后，学术技艺各人有专门研究的领域，如此而已。

李家有个儿子叫李蟠，今年十七岁，爱好古文，儒家各种经典的经文和注释都全面学习过。他不受世俗观念的影响，来向我学习。我很赞赏他能遵行古人从师学习的正道，因此写了这篇《师说》赠送给他。

理　解

　　本篇是韩愈的著名文章《师说》,较为全面论述了老师的职责、学习的对象以及虚心从师求教的观点。

　　学习是成人、成才的关键,向老师学习是求得知识与智慧的最佳捷径。向老师学习,不仅要学知识、技能,还要学习做人的道理与人生的智慧。老师也同样肩负着"传道""授业"和"解惑"的使命,将成人与成才作为教育的两大任务,不可偏废。

　　韩愈认为,我们应该大胆地向老师学习求教,只要能解答我们知识上的疑惑,提升道德的修养与人生的境界,就不要过多地顾忌他人与世俗的眼光。老师不一定是年龄比我们长、各项水平都比我们强的人,因为每个人都有自己的专长,也都有自己的短板,老师自然也有不如学生的地方。所以,不要因为有人年龄比我们小或某些方面不如自己,就不将他当作老师,而是要发现别人身上的优点,凡是有值得学习的地方,都将其看作自己的老师,这样的话,我们就能在各个方面获得迅速的提升。

国 学 常 识

　　1.韩愈:字退之,河南人,唐代著名的文学家、思想家,世称"昌黎先生",后人尊其为"唐宋古文八大家"之首,与柳宗元、欧阳修和苏轼合称"千古文章四大家"。

　　2.郯子:春秋时期郯国的君王。孔子周游列国,曾向郯子请教上古官职名称的问题。

　　3.苌弘:东周时的大夫,孔子曾到周国拜访苌弘,向他求教古乐的问题。

　　4.师襄:春秋时期鲁国乐官,孔子曾向他学习弹琴。

　　5.老聃:即老子,相传孔子曾向他问礼。

第三十九课

文人之患

　　不屈二姓（两个不同的王朝），夷、齐之节（操守）也；何事非君，伊、箕之义也。自春秋已来，家（大夫家族）有奔亡，国（诸侯国）有吞灭，君臣固无常分矣。然而君子之交绝（断绝）无恶（恶毒的，令人难堪的）声，一旦屈膝（下跪，比喻屈服）而事人，岂以存亡而改虑？陈孔璋居袁裁书（草写檄文），则呼操为豺狼；在魏制檄（檄文，古代官方用以征召或声讨的文书，音 xí），则目绍为蛇虺（毒蛇，音 huǐ）。在时君所命，不得自专（自作主张）。然亦文人之巨患也，当务从容消息（考虑，斟酌）之。

译　文

　　不屈身侍奉两个王朝，是伯夷、叔齐的气节；用正道去谏阻君主的错误，是伊尹、箕子的道义。自春秋以来，大夫家族时有奔散流亡，诸侯国时常被吞并灭亡，国君与臣子本来就没有固定的名分。然而君子与人交往不应因为断绝了关系而相互辱骂；一旦屈膝转而侍奉他人，怎能因为自己的存亡而改变了初心呢？陈孔璋在侍奉袁绍时撰文骂曹操为豺狼；后来投靠曹操后又起草檄文，骂袁绍为毒蛇。这是因为受命于当时的君主,不能自己做主。但这也是文人的最大问题,应该深思熟虑予以斟酌。

理 解

本篇出自《颜氏家训·文章》,阐述了文人易犯的问题,告诫文人在面对强权与自我生存的时候,要坚守道义,不可从君而违道。

古代的许多读书人以治国平天下为理想,坚守仁、义、礼、智、信之"五常";同时,读书人在权力与经济方面又处于弱势,常常不能自养、自存,所以大多的读书人会选择依附当权者,辅佐君主。但是,辅佐君主,屈膝事人,不代表就可以放弃自己的理想与操守,不管是伯夷、叔齐只事一君,还是伊尹、箕子无君不事,他们都坚守着自己的底线与初心,而不像陈孔璋一样,一味地顺从君主,毫无节操。所以,作者告诫读书人,在辅佐君主时要坚守道义,用道义来辅佐君主,并通过君主来实现天下的道义。

国 学 常 识

1.伯夷、叔齐:商朝孤竹君的两个儿子,周武王灭商后,二人耻食周粟,隐于首阳山而饿死。

2.伊尹:商代初年著名政治家、思想家,曾分别辅佐商朝五代君主,使商朝初年经济繁荣,政治清明。在太甲当商王时,太甲不守法度,伊尹苦心教导,终于使他悔过向善。

3.箕子:商朝末期人,商纣王的叔父,见纣王暴虐无道,苦心谏阻而不听,于是假装疯癫,逃往箕山,隐居了起来。周灭商后,周武王请箕子辅佐他治理国事,箕子向他陈述了治国之道,却不愿做新王朝的大臣。

4.陈孔璋:陈琳,字孔璋,东汉末年文学家,初从袁绍,为袁绍写文章骂曹操,后归降曹操则写文章骂袁绍。

第四十课
王者贵天

　　齐桓公问于管仲曰:"王者何贵?"曰:"贵天。"桓公仰而视天。管仲曰:"所谓天,非苍莽(广阔无际的样子)之天也。王者以百姓为天。百姓与(跟随)之则安,辅之则强,非之则危,倍(通"背",背弃)之则亡。"《诗》曰:"民之无良,相怨一方。"民皆居一方,而怨其上,不亡者未之有也。

译　文

　　齐桓公问管仲说:"君王崇尚什么?"管仲回答道:"崇尚天。"桓公抬头看天。管仲说:"我所谓的天,不是头顶那广阔无际的天空。君王视百姓为天。百姓追随,则国家安定;百姓辅佐,则国家强大;百姓不满,则国家危险;百姓背弃,则国家灭亡。"《诗经》说:"人民如果不善良,是因为各自的心中充满怨恨。"人民各居一方,如果纷纷抱怨统治者,那么国家不灭亡是不可能的。

理 解

　　本篇选自《韩诗外传》，通过齐桓公与管仲的对话，表达了作者的民本思想。在中国传统文化中，"天"居于最高的地位，古人并不仅仅将"天"视为自然的天空，而是赋予了许多人文的价值和意义。《说文解字》说："天者，巅也，至高无上也。""天"是至高无上的象征，管仲将"天"解释为百姓、人民，认为国家应该视百姓为"天"，将百姓摆在国家至高无上的地位，人民利益重于天。

国 学 常 识

　　1.齐桓公：姓姜，氏吕，名小白，姜太公吕尚的第十二代孙，春秋时期齐国第十五位国君，"春秋五霸"之首。

　　2.管仲：姓管，名夷吾，又名敬仲，字仲，史称"管子"，春秋时期著名的政治家和思想家，担任齐国辅相，辅佐齐桓公成为春秋第一位霸主。

　　3.《说文解字》：简称《说文》，作者是东汉的许慎，中国第一部系统地分析汉字字形和考究字源的字典。

第四十一课
孟子见梁惠王

　　孟子见梁惠王。王曰："叟(对老年男子的尊称,音 sǒu)！不远千里而来,亦将有以利吾国乎?"孟子对曰："王何必曰利? 亦有仁义而已矣。王曰:'何以利吾国?'大夫曰:'何以利吾家?'士庶人(百姓)曰:'何以利吾身?'上下交征(争夺)利而国危矣。万乘(古代兵车的单位,四马一车为一乘。古代以兵车的多少来衡量国家的力量强弱,所以有万乘之国、千乘之国的称呼,音 shèng)之国,弑(臣杀君、子杀父为弑,所以弑有以下犯上的意思,不同于"杀",音 shì)其君者,必千乘之家;千乘之国,弑其君者,必百乘之家。万取千焉,千取百焉,不为不多矣。苟为后义而先利,不夺不餍(满足,音 yàn)。未有仁而遗其亲者也,未有义而后其君者也。王亦曰仁义而已矣,何必曰利?"

  译　文

　　孟子见到梁惠王。梁惠王说:"老先生! 您不远千里来到我国,也是来给我国带来利益的吧?"孟子回答道:"大王为什么一定要说利益呢? 只要有仁义就行了。如果君王说：'怎样有利于我国？'大夫们说：'怎样有利于我的封地？'士与百姓们说：'怎样有利于我？'上上下下都追逐自己的利益，国家便危险了。如果这样，一个有万辆兵车的国家，其君王被杀，凶手一定是有千辆兵车的大夫；一个有千辆兵车的国家，其君王被杀，凶手一定是有百辆兵车的大夫。全国有一万辆兵车，他独占千辆；全国有一千辆兵车，他独占百辆。他的财产不能说不多了。但如果他轻公义，重私利，那么他就会夺取一国的全部财产，否则是不会满足的。从来没有一个仁爱的人会遗弃他的父母，从来没有一个正义的人会怠慢他的君王。大王只要讲仁义就可以了，为什么一定要说利益呢？"

理　解

本篇出自《孟子·梁惠王上》，通过孟子与梁惠王的对话，阐述了孟子重义轻利的思想。

"义"是指公义，以公共利益为先，以个人利益为后；"利"是指私利，只讲个人利益，不考虑公共利益。所以，在"义"中包含了普遍的道德原则，当人们讲究"义"的时候，就会自觉地将个人利益与公共利益结合起来，做到利己与利他的统一；反之，"利"之中更多包含的是个人的欲望与追求，一个人如果只关注自己，往往就会做出舍人而利己的事情，就会自私自利，违背道德原则。孟子认为：如果社会上下都重视"义"，公共利益得到保障，个人利益也自然能得到满足；反之，如果全社会都只讲"利"，就会相互剥夺、倾轧，导致社会的混乱，最后自己的利益也无法保障。

国 学 常 识

1.梁惠王：也称魏惠王，魏国君王。魏惠王迁都，从安邑迁到大梁，之后魏国也称梁国。

第四十二课
孟子喻水

徐子(徐辟,孟子弟子)曰:"仲尼亟(屡次,音qì)称于水,曰:'水哉,水哉!'何取于水也?"孟子曰:"源泉混混(波浪翻涌的样子。混:同"衮""滚",音gǔn),不舍昼夜,盈科(通"窠",指坎、坑)而后进,放乎四海。有本(根本,源头)者如是(像这样),是之取尔。苟(如果)无本者,七八月之间雨集,沟浍(田野水沟,音kuài)皆盈,其涸(水干,音hé)也,可立而待也。故声闻过情(名声超过实际),君子耻之。"

译 文

徐子说:"孔子屡次称赞水,说:'水啊,水啊!'他称赞水的哪一点呢?"孟子说:"有源头的泉水滚滚向前奔流,昼夜不停,遇到低洼之处,注满后再继续前进,一直流入大海。有源头的水就是这样,孔子赞扬水,就是因为这一点。如果没有本源,到了七八月份,雨水充沛,大小沟渠里的水都会盛满,但是没过一阵子,又都流完了。所以,名声超过了实际,君子以为羞耻。"

理　解

本篇出自《孟子·离娄下》,孟子以水来说明君子要名实相符的道理,批评名不符实的现象。

古代圣贤常常赞扬水,老子说:"上善若水。"认为水具有谦卑与不争的精神,并能有利于万物,是人学习的对象。孔子说:"逝者如斯夫,不舍昼夜。"水奔流不停,所以君子也应自强不息。孟子认为,有源头的水,才能源远流长,如果没有源头,水流就不能长久。同理,一个人的内在修养是源头,外在言行是表现,如果没有内在修养这个源头,外在的表现就是暂时的,甚至是虚假的。所以,君子应该以内在修养为本源,有了内在的修养,外在的言行自然就符合了道德。君子内外一致,他的名声和实际是相符的。

国 学 常 识

1.名实:春秋战国时,百家争鸣,在诸子们争论的问题中,名实关系是重点之一。"名"是指名称、名声,以及对事物的规定;"实"是指实际存在的事物,或者事物的真实状况。儒家主张"正名",用"名"的规定来规范"实",也主张君子的修养要名副其实,即外在的名声与实际的修养相一致。道家主张"无名",认为"名"掩盖了"实",人们求"名"就会远离真实的本性,动摇内心的安宁。除此之外,墨家、法家和名家都对"名实"问题进行过详细的讨论。

孟子去齐，充虞（孟子弟子）路问曰："夫子若有不豫（欢喜）色然。前日虞闻诸夫子曰：'君子不怨天，不尤（怨恨，责备）人。'"曰："彼一时，此一时也。五百年必有王者兴，其间必有名世（名显于世）者。由周而来，七百有余岁矣。以其数，则过矣；以其时考之，则可矣。夫（句首的语气助词，起到发起议论、引起下文的作用，没有实际意义）天未欲平治天下也；如欲平治天下，当今之世，舍我其谁也？吾何为不豫哉？"

译　文

孟子离开齐国，充虞在路上问道："看您的脸色，好像不太高兴啊。之前我听老师您说过：'君子不抱怨天，不责怪人。'"孟子说："现在的形势和过去有所不同。五百年之中，一定会有圣君兴起，其间也一定会有君子出现。从周朝到现在，已经过去七百年了。论年数，已经超过了五百年；论时势，现在该是圣人和君子大有作为的时刻了。如果天下还不能太平，是天命未至；如果天下将要太平，在当今的世上,又怎么会少了我的一份力量呢?我为何要忧愁和抱怨呢?"

理 解

本篇出自《孟子·公孙丑下》,反映了孟子的道德自信与仁者担当。

身处乱世,道家人士纷纷避隐,独善其身,儒家君子却见义勇为,希望通过自己的力量来改变乱世。子曰:"岁寒,然后知松柏之后凋也。"越是在乱世,就越是显现出君子的品格。虽然凭借一己的微薄之力,不足于拨乱反正,但是如果人人都选择明哲保身,又有谁来扭转社会恶的漩涡呢?又有谁来推动社会的进步呢?天下兴亡,匹夫有责,君子尽人事,听天命,不怨天,不尤人。社会的太平,离不开每个人的努力;社会的混乱,每个人也都应承担一份责任。

国 学 常 识

1.周朝:中国历史上继商朝之后的第三个王朝。周朝分为西周与东周两个时期。西周在前,由周武王创建,定都镐(hào)京。公元前 770 年,周平王迁都到雒(luò)邑,称为东周,东周又称春秋战国。

第四十四课
仁者无敌

梁惠王曰:"晋国天下莫强焉,叟之所知也。及寡人之身,东败于齐,长子死焉;西丧地于秦七百里;南辱于楚。寡人耻之,愿比(为,替)死者壹(皆,都)洒(同"洗",昭雪冤枉,报仇雪恨,音xǐ)之,如之何则可?"孟子对曰:"地方百里而可以王。王如施仁政于民,省(减免)刑罚,薄税敛(赋税,音liǎn),深耕易耨(成语,深耕细作,勤于除草,比喻精心耕种。易:及时。耨:锄草,音nòu),壮者以暇(空闲,没有事的时候,音xiá)日修其孝悌忠信,入以事其父兄,出以事其长上,可使制梃(棍棒,音tǐng)以挞(攻打,音tà)秦楚之坚甲利兵矣。彼夺其民时,使不得耕耨以养其父母。父母冻饿,兄弟妻子离散。彼陷溺其民,王往而征(发兵讨伐)之,夫谁与王敌?故曰:'仁者无敌。'王请勿疑!"

译 文

梁惠王说:"过去的晋国,天下没有哪个国家比它更强大了,您是知道的。到了

107

我这个时候,魏国在东边被齐国打败,我的长子战死了;在西边败给秦国,丧失了七百里的土地;在南边又败给了楚国而受辱。我认为这些都是奇耻大辱,希望能为我国所有的战死者报仇雪恨,怎么做才能办到呢?"孟子说:"一百里的小国就可以施行仁政而使天下归服了。大王如果向百姓实行仁政,减免刑罚,减轻赋税,让百姓深耕细作,及时锄草,让年轻的人在闲暇时孝敬父母、敬爱兄长,做事尽心竭力,待人诚信,在家里待奉好父母兄长,在工作中认真完成上级布置的任务,这样的话,即使是制造棍棒也可以抗击拥有坚实盔甲、锐利刀枪的秦、楚军队。敌国不行仁政,就会侵占人民的生产时间,使不能精心耕种来养活父母。父母受冻挨饿,兄弟妻子东逃西散。敌国让人民陷于水深火热之中,大王发兵讨伐,谁还能抵抗大王呢?所以说:'仁义的人是无敌于天下的。'大王请不要怀疑了!"

理　解

本篇出自《孟子·梁惠王上》,阐述了孟子的仁政思想。孟子是儒家的重要代表人物,号称"亚圣",他提出的"仁政"理论,是对孔子政治思想的总结和发展,对中国古代政治产生了重大影响。孟子认为,政治从根本上来说,就是要保护人的先天仁心,给人民创造良好的环境,让每一个人都能够充分培养自己的良心,按照良心做事,这样一来,家庭就能和睦,人民安居乐业,经济就能发展,上下团结齐心,国家就会安全。

国 学 常 识

1.晋国:春秋时的诸侯国,公元前403年,晋国的韩氏、赵氏和魏氏三家自立为诸侯,晋国一分为三,称为"三晋"。

2.王：与"霸"相对。"王"指王道,通过推行仁义和德治来实现国家的治理；"霸"指霸道,通过经济、军事和法制来达到国富兵强的目的。王道与霸道的争论是先秦百家争鸣的重点。

第四十五课
景公嫁女

景公有爱女，请嫁于晏子。公乃往燕（通"宴"，宴饮）晏子之家，饮酒酣（酒喝得很畅快，音 hān），公见其妻，曰："此子之内子耶？"晏子对曰："然，是也。"公曰："嘻（叹词，表示惊叹）！亦老且恶（丑陋，音 è）矣。寡人有女，少且姣（容貌美好），请以满夫子之宫。"晏子违席而对曰："乃此则老且恶，婴与之居故矣，故（过去）及其少而姣也。且人固以壮托（托付，委托）乎老，姣托乎恶，彼尝托而婴受之矣。君虽有赐，可以使婴倍（通"背"，背弃，违背）其托乎？"再拜而辞。

▣ 译 文

　　齐景公有一个心爱的女儿，请求嫁给晏子。景公于是到晏子家里喝酒，喝到正畅快的时候，景公看见了晏子的妻子，说："这就是您的妻子啊？"晏子回答说："是的。"景公说："啊！也太老太丑了。我有个女儿，既年轻又漂亮，让她来做先生您的妻室吧。"晏子听到了，离开了座位，回答说："如今她确实变老了，也变丑了，那是我与她在一起生活了很久的缘故，过去她也曾年轻漂亮。况且，一个人将她的终

110

生托付给我,是从年轻一直到老年的,是从美貌一直到丑陋的。她的托付,我已经接受了啊。如今君王您虽然想把女儿恩赐给我,我又怎么能辜负了妻子的托付呢?"晏子拜了齐景公两次,还是拒绝了。

理 解

　　本篇出自《晏子春秋·内篇杂下》,讲述了齐景公希望将年轻漂亮的女儿嫁给晏子,晏子感恩一直陪伴着他的妻子,不嫌弃她年老色衰,拒绝齐景公的故事。

　　古代的君子德才兼备,不仅要有管理国家、安顿百姓的能力,还要有高尚的品德。品德的高尚,不是挂在嘴上的,一定要付诸行动。君子做任何一件事情,都是从自己的良心出发,忠诚于良心,不做对不起良心的事情。所以,对国家、民族、人民要尽心尽力地服务,对家人要不离不弃,尽到责任。今天,我们继承中国优秀传统文化,首先就要培养责任心,对自己负责,对家人负责,对社会负责,做一个负责任、有担当的好公民。

国 学 常 识

1.内子:古代卿大夫的嫡妻,也作"内人",常用作在他人面前称自己的妻子。

景公问晏子曰："取人得贤之道何如?"晏子对曰："举之以语，考之以事。能谕(懂得,明白,音yù)则尚(尊崇)而亲之,近而勿辱。以取人,则得贤之道也。是以明君居上,寡其官而多其行,拙(不善于)于文而工(擅长)于事。言不中(中肯,指言论正中要害或扼要恳切,音zhòng)不言,行不法不为也。"

译 文

齐景公向晏子问道："选取和得到贤能的人的方法是什么?"晏子回答道："根据他的言语推举他,再根据他的行事来考察他。如果他通晓治国的方法,就尊重和亲近他,但又不能过分亲近而失了礼节。这样,您就可以发现并得到贤能的人才。所以,在英明的君王的领导之下,官职不多,事情却做得多;官吏不追求外表和形式,只看重实际的事务。官吏言语不中肯就不说,行为不合法就不做。"

理　解

本篇出自《晏子春秋·内篇问上》,讲述了推举和考察贤德之人的方法。考察一个人,要将他的言语与行为结合起来看,不能只听其言,便信其行,而要听其言,观其行。同样,修养自己,也需要做到言行一致,表里如一。得到贤能的人,不仅要讲求方法,关键还是看自己,只有自己品行端正,以身作则,才能吸引同类的人。

国 学 常 识

1.尚贤:中国古代流行的一种崇尚贤人的观念。所谓贤人,是指既有德行,又有才能,既有个人理想,又关心天下的人。中国的儒家和墨家都主张"尚贤",让贤人来管理社会,让贤人来教育人民。不过,道家反对尚贤,认为尚贤会导致不平等,并引起人心的不安,激发人们都去追求贤能的名声,而偏离了正常的生活轨道。

第四十七课
持 满 之 道

　　孔子观于鲁桓公之庙(供奉祖先的房屋)，有敧(倾斜，音qī)器焉。
孔子问于守庙者曰："此为何器?"守庙者曰："此盖(表示推测,大约,
大概)为宥(音yòu)坐之器。"孔子曰："吾闻宥坐之器者，虚则敧，中
则正，满则覆。"孔子顾(回头)谓弟子曰："注水焉。"弟子挹(舀,把液
体盛出来,音yì)水而注之。中而正，满而覆，虚而敧。孔子喟然(形容
叹气的样子。喟:音kuì)而叹曰："吁(叹词,表示感慨,音xū)！恶(疑问代
词,怎么,如何,音wū)有满而不覆者哉!"子路曰："敢问持满有道
乎?"孔子曰："聪明圣知，守之以愚;功被(施加,惠及)天下，守之以
让;勇力抚世，守之以怯;富有四海，守之以谦。此所谓'挹(通"抑",
抑制,谦退)而损之'之道也!"

译文

　　孔子到鲁桓公的宗庙里参观，看到一个倾斜的器皿。孔子向守庙的人问道：
"这是什么器皿?"守庙的人回答道:"这大概是君王用来劝诫自己的器皿。"孔子

说:"我听说这种器皿空的时候会倾斜,装一半水时正好,装满水时会翻倒。"孔子回头对学生说:"往里面灌水吧。"学生舀水往里面灌。水灌到一半时,器皿是端正的;灌满时,器皿翻倒了;水倒空时,器皿又倾斜了。孔子感叹道:"唉!哪里有装满了还不倾覆的东西呢!"这时子路向孔子问道:"请问一个人盈满时该如何自处呢?"孔子回答说:"拥有聪明圣智,要保持谦虚;功劳惠及天下,要保持谦让;勇力盖世,要保持谨慎;富足得拥有天下,要保持节俭。这就是谦退而损满的道理!"

理 解

本篇出自《荀子·宥坐》,通过对宥坐之器的描述来阐发谦退损满的道理。中国专统文化非常强调"中"的智慧,"中"就是不偏不倚,要求人们做任何事情不要过分,不走极端,要恰到好处。任何事物都有两面性,就好像学习知识一样,不学习会粗野和愚笨,拥有知识了,又容易傲慢和固执。愚笨与傲慢,是学习的两个极端,要尽量避免。避免的方法就是"中道":在聪明的时候,保持谦虚;在有功的时候,保持谦让;在勇猛的时候,保持谨慎;在富裕的时候,保持节俭。《尚书》说,"满招损,谦受益",说的就是这个道理。

国 学 常 识

1.鲁桓公:鲁国第十五任国君,公元前711—前694年在位。

2.敧器:一种计时器皿,类似沙漏,空着时倾斜,盛到一半时端正,装满时倾覆,循环往复。

3.宥坐之器:放置于君王座位右边的器皿,起到劝诫作用。"宥"相当于"右"字,"宥坐"即"右坐""右座",相当于今天的座右铭。

第四十八课
先王立乐之方

夫乐(音 yuè)者,乐(音 lè)也,人情之所不能免也。乐必发于声音,形(表现,显示)于动静,人之道也。声音动静,性术(情感和想法)之变尽于此矣。故人不耐(能)无乐,乐不耐无形。形而不为道,不耐无乱。先王(泛指古代贤圣的君王)耻其乱,故制《雅》《颂》之声以道(动词,引导的意思,音 dǎo)之,使其声足乐而不流(放纵,无节制),使其文足论而不息(停止,消失,这里指文辞对想法的掩盖)、使其曲直(弯曲和笔直,这里形容声调的婉转和平直)、繁瘠(形容旋律的繁复和简约。繁:繁复。瘠:简约,音 jí)、廉肉(形容音调清亮和低沉。廉:清亮。肉:低沉。)、节奏足以感动人之善心而已,不使放心(心灵放荡,没有节制,为所欲为)、邪气(邪恶的习气)得接(靠近,挨上)焉。是先王立乐之方(道理)也。

是故乐在宗庙(天子或诸侯祭祀祖先的房屋)之中,君臣上下同听之则莫不和敬;在族长乡里(古代基层的四种行政单位,百家为族,二百五十家为长,一万两千五百家为乡,二十五家为里)之中,长幼同听之则莫不和顺;在闺门(内室的门,此处指家中)之内,父子兄弟同听之则莫不和亲。故乐者,审一(定一个音调)以定和,比物(丝、竹等乐器)以饰节,节

奏合以成文（华丽的乐章）。**所以合和父子、君臣，附亲万民也。是先王立乐之方也。**

译文

音乐，会使人快乐，这是人的情感所不能避免的。人快乐时，一定会通过声音来表达，通过动作来表现，这是人类的正常反应。在声音和动作中，人的各种情感和想法都能得到表达。所以人不能没有快乐，快乐不能没有表达的方式。如果人的情感表达方式不符合正道，就一定会导致混乱。古代贤明的君王以混乱为羞耻，所以制作了《雅》《颂》这样的音乐来引导人们快乐的情感，使音乐足以表达快乐，但又不会放纵情感而无所节制，使其文辞足以阐发想法，但又不会因为过度修饰而掩盖了真实的内心，使音乐中婉转或平直的声调、繁复或简约的旋律、清亮或低沉的音调以及急促或舒缓的节奏，足以感动人的善良本心，不让放荡与邪恶影响到人。这就是古代贤明的君王所以创制音乐的道理。

所以音乐在宗庙之中演奏，君臣上下一起听，能促进彼此之间的和谐肃敬；在族长乡里演奏，长幼老少一起听，能实现邻里之间的和气柔顺；在家门之内演奏，父子兄弟一起听，能实现亲情之间的和睦亲近。因此，音乐的创作要先根据表现的主题确定一个音调，再用五音加以调和，配上各种乐器来修饰节奏，使节奏合成为华美的乐章。用这样的音乐来实现父子、君臣之间关系的协调，使千千万万的人民相亲相爱，服从管理。这就是古代贤圣的君王所以创制音乐的道理。

理解

本篇出自《礼记·乐记》，阐述了先王创制雅乐的道理，表现了儒家的音乐思想。

人都是有丰富情感的,情感没有好坏之分,只有过度或适中的区别。情感只有适中,才能实现和谐;情感过度了,就会造成语言和行为上的过激,导致混乱。人们犯错,常常是因为感情用事、不够理智,所以,人的情感既不能否定,也不能放任,而是需要加以引导和节制。古人通过音乐来达到节制情感的目的,音乐可以感动人心。高雅的音乐能净化人心,使心情平静,人心净化了,心情平静了,一个人的言行举止自然就能符合正道;反之,低俗的音乐则会摇荡人心,或是使心情低沉萎靡,或是使心情亢奋不安,在这样的心情中说话做事,常常就会出格,不守规矩。所以,音乐是古代的教育手段,也是社会治理的重要方法。

国学常识

1.《雅》:《诗经》的组成部分,包括《大雅》三十一篇,《小雅》七十四篇,共一百零五篇,合称"二雅"。"雅"是"正"的意思,《雅》的内容是雅乐、正声,指和谐的音乐。

2.《颂》:《诗经》的组成部分,包括《周颂》《鲁颂》和《商颂》,共四十篇,合称"三颂"。"颂"是赞扬、祝愿的意思,表现对美德的赞颂。

第四十九课
礼运大同

　　大道之行也，天下为公。选贤与能，讲信修睦，故人不独亲其亲，不独子其子，使老有所终，壮有所用，幼有所长，矜(同"鳏"，鳏夫，丧妻的男人，音 guān)寡(寡妇，丈夫死去后还未再嫁的女人)孤(孤儿，死去父亲或父母双亡的幼儿)独(无子孙的老人)废(残废的人)疾(生病的人)者皆有所养。男有分(职业分工)，女有归(女人出嫁)。货恶(厌恶，音 wù)其弃于地也，不必藏于己；力恶其不出于身也，不必为己。是故谋(计谋，这里指人的小聪明，投机取巧)闭而不兴，盗窃乱贼而不作，故外户(门)而不闭。是谓大同。

译文

　　大道畅行的时候，天下为人民共有。选拔有德行的人，举荐有能力的人，讲求诚信，修行和睦，所以人们不只孝养自己的亲人，不只慈爱自己的子女，使老年人可以颐养天年，使中年人可以发挥自己的才能，使青少年可以健康成长，使鳏夫、寡妇、孤儿、无后代的老人、残废的人以及生病的人都能得到照顾和供养。男人各有职业分工,女人出嫁各有归属。没有人会把财货抛弃在地上,也没有人独占财货;力气都是出于自己的身体,但并不只为自己。所以没有人会耍小聪明和投机取巧,没有人去干盗窃和造反的事情,所以家家户户都不关门。这就是大同。

理 解

本篇出自《礼记·礼运》,阐述了儒家的大同理想。大同,就是人与人之间不分彼此,友爱互助,没有战争,安居乐业。大同既是儒家设想的美好理想,也是中国人心中向往的社会状态。虽然目前人类还远远没有达到大同社会,却是人类努力的目标,也是许多中国人共同的梦想。

国 学 常 识

1.大道:根本的道理,古人将"大道"分为天道和人道。天道是宇宙、自然界本有的规律,如天高地厚、四季更替等,人们观察自然,从中体悟出许多道理,如阴阳和合、物极必反、万物有常等,并将这些道理运用到人类社会的治理,于是有了人道,如学习天的进取,效法地的厚重,在四季交替中领悟到变通与恒常等。

第五十课
大学之道

大学之道,在明(动词,照亮)明(形容词,光明正大的)德,在亲民,在止于至善。知止而后有定,定而后能静,静而后能安,安而后能虑,虑而后能得。物有本末,事有终始。知所先后,则近道矣。

古之欲明明德于天下者,先治其国;欲治其国者,先齐其家;欲齐其家者,先修其身;欲修其身者,先正其心;欲正其心者,先诚其意;欲诚其意者,先致其知;致知在格物。物格而后知至,知至而后意诚,意诚而后心正,心正而后身修,身修而后家齐,家齐而后国治,国治而后天下平。

自天子以至于庶人(黎民,平民,百姓),壹(皆,一概)是皆以修身为本。其本乱,而末治者否矣。其所厚者薄,而其所薄者厚,未之有也。

 译 文

大学的宗旨,在于弘扬光明正大的品德,在于使人民亲近美德,在于使人逐渐完善。知道大学的这些宗旨和目标,就能坚定志向;志向坚定了,就能使心情平静不乱;心情平静不乱了,才能安心做事;能安心做事了,才能一心一意地思考问题;能一心一意地思考问题了,才能明白事情的道理。每样东西都有根本和枝末,每件事情也都有开始和终点。知道什么是根本,什么是枝末,从哪里开始,终点是哪里,就能接近真理,并取得成功了。

古人想把光明正大的品德在全天下弘扬,先要把国家治理好;想把国家治理好,先要把家庭管理好;想把家庭管理好,先要自己修养好;想把自己修养好,先要纯正心灵;想心灵纯正,先要让想法保持真诚;想让想法保持真诚,先要获得正确的认识;想获得正确的认识,先要研究事物的道理。研究好事物的道理了,然后才能获得正确的认识;获得正确认识了,然后才能让想法保持真诚;想法保持真诚了,然后才能心灵纯正;心灵纯正了,然后才能修养好自己;自己修养好了,然后才能把家庭管理好;家庭管理好了,国家才能治理好;国家治理好了,然后天下才能平定。

上到天子,下到百姓,人人都要以修养自己作为根本。如果这个根本被扰乱了,想管理好家庭、国家和天下都是不可能的。重视了没有发展好,不重视却想发展好,都是不可能的。

理　解

本篇出自《大学》,总括了儒家的思想大纲。儒家的思想主旨就是要让每一个人都成为有道德的人,让整个社会成为有道德的社会。道德的养成首先要立足于个人,即修身,修身是基础。从修身出发,往外扩展,才能逐步实现家庭和谐、国家安定和天下大治,这是道德影响由近及远的过程。向内深入,从对事物的探索开始,经过知识的获得、观念的真诚和心灵的纯正,最终才能完成修身,这是道德修养由外及内的过程。

《大学》一文虽然篇幅很短,但基本囊括了儒家学说,儒家的工夫论、心性论、知识论、伦理学、政治学等理论,在其中都有涉及,所以非常重要。

国 学 常 识

1.《大学》:儒家重要经典,原为《礼记》中的一篇,南宋时列入"四书"之一,相传是曾子所写。

2.大学:相对于小学来说,古代八岁上小学,主要学习"六艺":礼、乐、射、御、书、数,分别是礼节、音乐、射箭、驾马、书写和算术。十五岁上大学,学习修身、齐家、治国和平天下的道理。

攻原得卫

　　晋文公伐原，与士期（约定）七日。七日而原不下，命去之。谋士言曰："原将（快要）下矣。"师吏（军吏，军官）请待之。公曰："信，国之宝也。得原失宝，吾不为也。"遂去之。明年，复（再，重来）伐之，与士期必得原然后反。原人闻之，乃下（投降）。卫人闻之，以文公之信为至矣，乃归文公。故曰"攻原得卫"者，此之谓也。文公非不欲得原也，以不信得原，不若勿得也，必诚信以得之，归之者非独卫也。文公可谓知求欲矣。

译 文

　　晋文公攻打原邑，与将士们约定七日攻下。七日过去，原邑没有攻下，晋文公下令返回。有谋士进言道："原邑就快要攻下了。"军吏请求再停留几日，继续攻打。晋文公说："诚信，是国家的珍宝。得到原邑而失去珍宝，我不能做。"于是还是返回了。第二年，晋文公又攻打原邑，与将士们约定必定攻下原邑之后才返回。原邑的人听闻后，于是投降了。卫国人听闻后，认为晋文公崇尚诚信，于是归顺文公。所以"攻原得卫"说的就是这个意思。晋文公不是不想得到原邑，牺牲诚信来获得原邑，不如不得到，一定依靠诚信来得到，归顺的不仅是卫国。文公可以说知道怎么满足自己的欲求。

理　解

本篇出自《吕氏春秋·离俗览·贵信》，讲述了晋文公两次攻打原邑的事情，说明了诚信的重要性。人不信不立，人与人之间的交往，诚信是纽带，国家也是如此，一个国家没有诚信，就不能在世界各国中立足。晋文公率领晋国之所以后来能够成就霸主地位，与诚信密不可分。

每一个人都有自己的欲求，而有时为了满足自己的欲求，便丢掉原则，以丢掉原则为代价来实现欲求，是得不偿失的。晋文公不同，他依照诚信的原则来追求自己的欲求，虽然有时会失去眼前的利益，但从长远来看，因为他能坚守原则，所以获得的更多。

国 学 常 识

1.晋文公：姓姬，名重耳，晋国国君，春秋时期著名的政治家，"春秋五霸"之一。

2.谋士：设谋献计的人，古时候的谋士，常以"门客""幕僚"等身份出现，为自己的主人出谋划策。

第五十二课
在德不在险

　　魏武侯浮西河而下，中流（渡程中间，江河的中段）**，顾**（回头）**谓吴起曰："美哉乎河山之固也，此魏国之宝也！"吴起对曰："在德不在险。昔**（过去）**三苗氏左洞庭而右彭蠡**（音lǐ）**，德义不修，而禹灭之。夏桀之居，左河、济而右太华，伊阙在其南，羊肠在其北，修政不仁，而汤放**（驱逐）**之。殷纣之国，左孟门而右太行，常山在其北，大河经其南，修政不德，武王伐之。由此观之，在德不在险。若君不修德，船中之人尽敌国也。"武侯曰："善。"**

译　文

　　魏武侯乘船沿着西河而下，到了西河的中段，回头对吴起说："好啊！我的河山这么牢固，这里真是魏国的宝贝啊！"吴起回答说："保卫魏国的是君王的德行而不是山河的险要。过去，三苗氏左边有洞庭湖，右边有彭蠡湖，但是不修美德，不尚正义，被禹打败。夏桀居住的地方，左边有黄河、济水，右边有太华山，伊阙在其南面，羊肠山在其北面，然而政治残暴，不施仁义，最终被商汤驱逐。商代纣王的国家，左边有孟门,右边是太行山,北面有常山,南面有黄河经过,但不依德行治理国家,被武王讨伐。由此看来,保卫国家,重在君王的德行,不在山河的险要。如果君王不修养德行,那么这艘船上的人都将是您的敌人。"魏武侯说:"是的,的确如此。"

理　解

本篇出自《说苑·贵德》,阐述了国家治理应该靠德行而不是靠地势险要的道理。在古代,地势险要,固然是国家防御的重要保障,但是如果失去国内的善政,统治者对待人民残暴不仁,最终会遭到人民的反抗而灭亡。孟子说:"得道多助,失道寡助。"国家行道义,就能得到广大人民的支持;国家倒行逆施,不仅会遭到本国人民的反抗,外敌也会乘虚而入。所以,只有德行才能给一个国家带来长治久安。

国 学 常 识

1.魏武侯:战国初期魏国国君,三家分晋后魏国的第二代国君,公元前395—前370年在位。

2.西河:洛河的一条最大的干流,位于陕西省澄城县西边。战国时,魏国将领吴起曾镇守西河。

3.吴起:战国初期军事家、政治家、改革家,兵家代表人物,写作《吴子兵法》。

4.三苗氏:传说中黄帝至尧舜禹时代的南方氏族部落,主要分布于湖南岳阳、湖北武昌、江西九江一带。

5.彭蠡:即彭蠡湖,鄱阳湖的古称。

6.太华:即太华山,亦称华山,五岳之西岳,位于陕西省华阴县境内。

7.伊阙:今河南洛阳市的龙门,这里香山与龙门山对立于两岸,伊水中流,是洛阳南面的天然门户。

8.羊肠：即羊肠山，山势险峻，在今天的太原晋阳西北。

9.孟门：黄河的古隘道，山势险要，位于今天的山西省吕梁市。

10.常山：即恒山，五岳之北岳，位于山西省大同市境内。

第五十三课
成子高寝疾

成子高寝(睡、卧)疾,庆遗入,请曰:"子之病革(通"亟",指病情危急,音jí)矣,如至乎大病(死的委婉说法),则如之何?"子高曰:"吾闻之也,生有益于人,死不害于人。吾纵(即使)生无益于人,吾可以死害于人乎哉!我死,则择不食之地(不能耕种的土地)而葬我焉。"

 译　文

　　成子高病重卧床,庆遗进入,请问他说:"您的病情危急,如果真的一病不起,该怎么办?"子高说:"我听说,一个人活着的时候要有益于他人,死了不能有害于他人。我即使活着的时候未能有益于人,死了也不能有害于人啊!我死之后,选择一块不能耕种的土地埋葬我吧。"

理 解

　　本篇出自《礼记·檀弓》,记述了成子高病危临死时的生命感言。成子高和庆遗都是齐国大夫,成子高病重要死了,庆遗去看望他,并听取他的遗言。成子高认为,人生的意义不是为了自己,而是他人,人生的价值在于无私奉献,活着的时候,要多做有益于他人的事情,而不能有害于人。不仅是活着时这样,死了也不能给他人带来负担和不幸,所以他希望埋葬在一块不能耕种的土地上,因为坟墓占据了耕地,会减少活着的人的收成,影响后人的生活。

国 学 常 识

　　1.《礼记》:又名《小戴礼记》,共二十九篇,是一部以儒家礼义为主的文章汇编,相传是由西汉礼学家戴圣编纂。

昔晋文公将与楚人战于城濮(音 pú),召咎犯而问曰:"楚众我寡,奈何而可?"咎犯对曰:"臣闻繁礼之君,不足于文(人的后天修饰,这里指礼节仪式);繁战之君,不足于诈。君亦诈之而已。"文公以咎犯言告雍季,雍季曰:"竭(干涸,枯竭)泽而渔(捕鱼),岂不获得?而明年无鱼。焚薮(生长着很多草的湖泽,沼泽,音 sǒu)而田(打猎),岂不获得?而明年无兽。诈伪之道,虽今偷(暗地里,出其不意地)可,后将无复,非长术也。"文公用咎犯之言,而败楚人于城濮。反而为赏,雍季在上。左右谏曰:"城濮之功,咎犯之谋也。君用其言而赏后其身,或者不可乎!"文公曰:"雍季之言,百世之利也。咎犯之言,一时之务也。焉有以一时之务先百世之利者乎?"

孔子闻之,曰:"临难用诈,足以却(退)敌;反(通"返",返回)而尊贤,足以报德。文公虽不终(不能自始至终地尊贤报德,偶尔会用诈术),始足以霸矣。"赏重则民移之,民移之则成焉。成乎诈,其成毁,其胜败。天下胜者众矣,而霸者乃五。文公处其一,知胜之所成也。胜而不知胜之所成,与无胜同。

译 文

从前晋文公要在城濮与楚国人作战，召来舅犯问道："楚军的人数多于我军，怎么打才能获胜？"舅犯回答说："我听说礼仪繁多的君王，不会嫌礼多；经历众多战争的君王，不会嫌弃诡诈之术。君王对楚军施以诡诈之术就行了。"晋文公把舅犯的话告诉了雍季，雍季说："让河水干涸来捕鱼，怎么能捕不到鱼呢？但是明年就没有鱼可以捕了。将沼泽地烧光来打猎，怎么能打不到猎物呢？但是明年就没有野兽可以打了。诡诈阴谋之术，今天出其不意尚且可行，将来就不再能用了，这不是长久的办法。"晋文公听从了舅犯的话，在城濮这个地方打败了楚军。返回行赏时，雍季得到赏赐最多。晋文公身边的人劝谏道："城濮之战的功劳，应该归为舅犯的谋略。您采纳了他的谋略，行赏时却把他放在后面，这或许不合适吧！"晋文公说："雍季的话，对百世有利。舅犯的谋略，只能应一时之急。哪有把应一时之急的办法摆在对百世有利的做法前面的道理呢？"

孔子听闻这个故事后，说："晋文公遇到危险使用诈术，足以打败敌人；回国后尊崇贤人，足以报答贤人的恩德。文公虽然不能一以贯之地坚守道义，却足以成就霸业了。"对贤人重重赏赐，民心就会向贤能迁移；民心向贤能迁移，就能取得最终的成功。靠诈术取得成功，即使暂时成功了，最终也必定毁灭，即使暂时胜利了，最终也必定失败。春秋时，取得过胜利的人很多，可是成就霸业的只有五个。晋文公之所以能成为其中的一个，是因为他知道胜利应该如何取得。取得了胜利，如果不知道这胜利是如何取得的，那就跟没有取得胜利一样。

理 解

本篇出自《吕氏春秋·孝行览·义赏》，阐述了阴谋不能长久、道义才是根本的道理。成语"竭泽而渔"和"焚薮而田"都出自本篇，意思是把河水抽干来捕鱼，把沼泽地烧光来打猎,比喻做事情不留余地,只顾眼前利益,不顾长远打算。

在许多人的印象中,古代军事思想都是主张出奇制胜,军师都是以谋略见长,兵不厌诈似乎是很自然的道理,《孙子兵法》中也说:"兵者,诡道也。"军事上的谋略固然重要,谋略的正确与否能影响甚至决定某一场战争的胜负,但是,对于整个战役来说,最终决定胜利的并不是谋略,而是德行与民心。一个人做事,一个企业运营,乃至一个国家在世界中立足,都同样如此,靠坑蒙拐骗和阴谋诡计,虽能得到眼前的利益,却损害了信誉,丢掉了民心,最终也将失去长远的利益。

国学常识

1.城濮:古代地名,楚国北境。

2.咎犯:也叫狐偃,字子犯,春秋时期晋国的卿,晋文公重耳的舅舅,智计过人。

3.雍季:春秋时期晋国大臣。

4.《孙子兵法》:又称《吴孙子兵法》《孙子》,相传是春秋时期吴国将军孙武所著,中国古代最著名的兵法,兵家经典著作。

晋献公之丧

　　晋献公之丧，秦穆公使人吊（祭奠死者或对死者家人表示慰问）公子（古代称诸侯的儿子或女儿，后来用于尊称别人的儿子）重耳，且曰："寡人（指德行较少的人，常作为国君自称的谦词）闻之：亡国恒于斯，得国恒于斯。虽吾子俨然（庄重严肃的样子。俨：音 yǎn）在忧服之中，丧亦不可久也，时亦不可失也。孺子（孩童，这里指嫡长子。孺：音 rú）其图之！"以告舅犯。舅犯曰："孺子其辞焉！丧人无宝，仁亲以为宝。父死之谓何？又因以为利，而天下其孰能说之？孺子其辞焉！"公子重耳对客曰："君惠吊亡臣重耳，身丧父死，不得与于哭泣之哀，以为君忧。父死之谓何？或敢有他志，以辱君义。"稽颡（以额触地的敬礼。颡：音 sǎng）而不拜，哭而起，起而不私。子显以致命于穆公。穆公曰："仁夫公子重耳！夫稽颡而不拜，则未为后（继承人）也，故不成拜。哭而起，则爱父也；起而不私，则远利也。"

134

译　文

晋献公去世了，秦穆公派人向公子重耳表示吊唁，并转达秦穆公的话说："寡人听说：失去国家常在此时，得到国家也常在此时。虽然你还处在庄重而忧伤的服丧期间，但是不可长久居丧，时机不可错失。你要谋划了！"重耳将这些话告诉了舅犯。舅犯说："你还是推辞掉吧！在外流亡的人没有什么宝贵之物，把对亲人的爱视为珍宝。父亲去世是什么样的事啊？如果利用父母去世而谋取自己的利益，那么天下的人谁能帮你辩解？你还是推辞掉吧！"重耳于是对使者说："承蒙贵国君王恩惠来吊唁流亡在外的臣子重耳，我流亡在外，父亲去世，不能回国哭悼致哀，让贵国君王担忧了。父亲去世是什么样的事啊？如果我有其他图谋，就会玷污贵国君王对我的仁义。"于是磕头触地，但不向使者行拜谢礼，哭着站起来，起来后不再与使者私下说话。这个叫子显的使者回去向秦穆公复命。秦穆公说："公子重耳仁义啊！磕头而不向使者行拜谢礼，这是没有把自己当作王位的继承人；哭着站起来，这是敬爱父亲的表现；起身后不再和使者私下说话，是不想谋取私利。"

理　解

本篇出自《礼记·檀弓》，讲述了晋献公死，公子重耳一心服丧、不求私利的仁义之举。古人讲"百善孝为先"，一个人如果连自己的父母都不孝敬，走入社会，又怎么能关爱他人呢？治理国家，又怎么会爱护人民呢？所以，孝敬父母是培养德行的起点，也是社会和谐的基础。重耳在父母去世的时候，放弃竞争君位的机会，而是选择服丧行孝，虽然不是治国，却有助于将来国家的治理和取得人民的信任。

行仁义，应该发自内心，自然流露，不刻意，不做作，更加不能掺杂功利性的目的，否则便是假仁假义，不仅阻碍自身德行的进步，而且还会破坏社会对仁义的信念，助长不良风气。重耳不愿利用父亲去世而谋取利益，舍利取义，所以得到秦穆公的赏识,并最终在秦穆公的支持下,重返祖国,开创了晋国百年霸业。

国学常识

1.晋献公:春秋时期晋国的君王,姓姬,名诡诸,重耳的父亲。

2.秦穆公:春秋时期秦国的君王,姓嬴,名任好,在位时,使秦国成为春秋霸主。

3.重耳:姓姬,名重耳,晋献公之子,后来成为春秋时期晋国的著名国君,即晋文公,也是"春秋五霸"之一。

4.舅犯:晋国名臣,重耳的舅舅,姓姬,字子犯,故称"舅犯"。

第五十六课
求道而不穷

孔子穷(处境恶劣)于陈、蔡之间,七日不尝(曾经)食,藜羹(以藜作羹,比喻粗食。藜:藜草,一种草本植物,音lí。羹:用蒸煮等方式做成的糊状食物)不糁(米粒,这里指以米和羹,音sǎn)。宰予备(通"惫",疲乏,困顿)矣。孔子弦歌(和着琴瑟的声音咏诗)于室,颜回择菜于外,子路和子贡相与而言曰:"夫子逐于鲁,削迹于卫,伐树于宋,穷于陈、蔡。杀夫子者无罪,藉(欺凌)夫子者不禁。夫子弦歌鼓舞未尝绝音,盖君子之无所丑(羞耻,羞愧)也若此乎?"颜回无以对,入以告孔子。

孔子愀然(忧伤的样子。愀:音cù)推琴,喟然而叹(成语,形容因深有感慨而叹息的样子。喟:音kuì)曰:"由与赐,小人也!召,吾语之。"子路与子贡入,子贡曰:"如此者,可谓穷矣!"孔子曰:"是何言也?君子达于道之谓达(显达,成功),穷于道之谓穷。今丘也拘(拘泥于,这里指坚守)仁义之道,以遭乱世之患,其所也,何穷之谓?故内省而不疚于道,临难而不失其德。大寒既(已经)至,霜雪既降,吾是以知松柏之茂也。昔桓公得之莒(音jǔ),文公得之曹,越王得之会(音kuài)稽。陈、蔡之厄(困苦,音è),于丘其幸乎!"孔子烈然(凛然坚贞的样子)**返瑟而弦,子路抗然**(志气高亢的样子)**执干**(一种像叉的武器,音gān)**而舞。子贡曰:"吾不知天之高也,不知地之下也。"**

古之得道者,穷亦乐,达亦乐,所乐非穷达也,道得于此,则穷达一也,为寒暑风雨之序矣。

译文

孔子在陈国和蔡国的边境时处境恶劣,七天不曾吃粮食,只能吃藜草做的羹,粒米不进。宰予疲惫至极。孔子在屋里和着琴瑟的声音咏诗,颜回在外边捡野菜,子路和子贡在一起讨论道:"在鲁国的家乡,老师被驱逐;在卫国,老师的足迹被铲平;在宋国大树下传道,宋国人砍倒大树,阻止孔子;身在陈国和蔡国的边境,穷困潦倒。人们不认为追杀孔子是有罪的,也不阻止他人欺凌孔子。如今老师还弹琴咏诗、击鼓跳舞,难道君子如此不感到羞愧吗?"颜回无言以对,进入房间告诉孔子。

孔子忧伤地推开琴,深有感慨而叹息道:"子路与子贡,小人啊!把他们叫进来,我来和他们谈谈。"子路和子贡进来了,子贡说:"我们这样,可以说是穷困潦倒了!"孔子说:"这是什么话啊?君子求道而能行道,这叫作达,求道而不能行道,叫作穷。如今我坚守仁义之道,遇到混乱的社会,混乱的是环境,怎么能说是我穷呢?在这样的乱世中,所以要反省自己,对于正道,无愧于心,面临险境,也要不丧失德性。寒冷的季节已经到来了,霜雪已经降落了,我知道松柏的生机仍然旺盛。过去齐桓公曾在莒国避难,莒国成为桓公奋发的动力;晋文公曾流亡到曹国并受辱,曹国成为文公将来登上霸位的重要转折;越王勾践曾在会稽兵败于吴国,之后越王卧薪尝胆,打败吴国。如今我们在陈国和蔡国的边境遭受困苦,是我们的幸运!"孔子凛然庄严地回到琴边继续弹奏,子路志气高亢,手执着干挥舞了起来。子贡说:"是我不知道天高地厚。"

古代得道的人,困苦时内心愉悦,显达时内心愉悦,内心的愉悦不是来自环境的困苦或是显达,得道了,困苦或是显达都是一样的,所以显达或是困苦就好像寒暑风雨的变化一样自然。

理　解

本篇出自《吕氏春秋·孝行览·慎人》,讲述了孔子与其弟子受困于陈国与蔡国边境的故事。

孔子五十五岁时,离开了家乡鲁国,向外推行理想,与弟子们开始了长达十四年流离失所的生活。这一段时间中,他们经历了无数苦难,许多弟子对理想产生了怀疑和动摇,认为君子培养美德,推行仁义,却得不到世人的理解,最后还落了个穷困潦倒的结果。而孔子认为君子追求理想,只求心安理得,不应该受到外在环境的左右,更不能用世俗的名利回报作为评判的标准。财富的多寡、身体的安危,是外在的"达"与"穷";道义能否坚守、理想是否坚定,则决定了内在的"达"或"穷"。君子谋道不谋食,应该关心的是内在,而不是外在。

理想越是高远,就越是难以得到世人的理解,所以越是有大成就的人,越是容易经历苦难。而苦难正是对一个人意志的磨炼,只有经得起苦难的磨炼,志向才能坚定,也才能最终实现理想。

国 学 常 识

1.陈国:春秋时期的诸侯国,公元前1046年受封于周朝,公元前478年被楚国所灭,大致位于今天河南东部和安徽西北部。

2.蔡国:春秋时期的诸侯国,公元前1046年受封于周朝,公元前447年被楚国所灭,大致位于今天河南一带。

3.莒国:春秋时期的诸侯国,公元前1046年建国,公元前431年被楚国所灭,位于今天山东省境内。

4.曹国:春秋时期的诸侯国,受周朝分封,位于今天山东省境内,后来被宋国所灭。

5.齐桓公:春秋时期齐国君王,名小白。在即位前,齐国混乱,小白逃到莒国,心怀大志。返国之后,桓公选贤任能,使国富兵强,成为"春秋五霸"之首。齐桓公勿忘在莒,不忘初衷。

6.晋文公:春秋时期晋国君王,名重耳。重耳的父亲晋献公偏听妃子骊姬的谗言,使太子被杀,重耳逃离晋国。在曹国时,君王曹共公听说重耳的骨节连成一片,骨骼畸形,便在重耳沐浴时偷看,重耳视为羞辱。回国后,重耳登上君位,励精图治,终于成就一代霸主。

7.勾践:春秋时期越国君王,公元前494年,越国被吴国打败,勾践被俘虏,三年后释放回国。返回越国后,勾践卧薪尝胆,使国力逐渐恢复,之后大败吴军,吴王夫差自杀,吴国被灭,越国称霸。

第五十七课 季氏将伐颛臾

　　季氏将伐颛(音zhuān)臾(音yú)。冉有、季路见于孔子,曰:"季氏将有事(军事,用兵)于颛臾。"孔子曰:"求!无乃(表示反问,岂不是)尔是过与?夫颛臾,昔者先王以为东蒙主,且在邦域之中矣,是社稷("社"是土神,"稷"是谷神,古代君主都祭社稷,后用以代指国家)之臣也,何以伐为?"冉有曰:"夫子欲之,吾二臣者皆不欲也。"孔子曰:"求!周任有言曰:'陈力就列(依照能力来担任相应职位。陈:施展。就:担任。列:职位),不能者止。'危而不持,颠而不扶,则将焉用彼相(辅佐,音xiàng)矣?且尔言过矣!虎兕(犀牛,音sì)出于柙(关猛兽的笼子,音xiá),龟玉毁于椟(匣子,柜子,音dú)中,是谁之过与?"冉有曰:"今夫颛臾,固而近于费(地名,音bì)。今不取,后世必为子孙忧。"孔子曰:"求!君子疾(厌恶)夫舍曰欲之而必为之辞(借口)。丘也闻有国有家(大夫统治的区域,即采地、采邑)者,不患寡而患不均,不患贫而患不安。盖均无贫,和无寡,安无倾。夫如是,故远人不服,则修文德以来之。既来之,则安之。今由与求也,相夫子,远人不服而不能来也,邦分崩离析(成语,四分五裂,形容国家分裂瓦解)而不能守也,

而谋动干戈(比喻战争。干和戈都是古代常用的兵器)**于邦内。吾恐季孙之忧，不在颛臾，而在萧墙**(立在君王宫殿门口的小墙，类似屏风的作用。后来泛指内部)**之内也。"**

译 文

季氏准备攻打颛臾国。冉求和子路见到孔子说："季氏要攻打颛臾了。"孔子说："冉求啊！你难道没有过失吗？当初周天子让颛臾国负责祭祀鲁东的蒙山，况且颛臾国就在鲁国境内，是鲁国的属国，忠诚于鲁君，有什么理由攻打呢？"冉有说："季氏想攻打，我与子路是不同意的。"孔子说："冉求！周代的大夫周任曾说：'依照你的能力来就任职位，如果不能胜任，就应辞去。'如今季氏的行为危险，你们却不能持守，颠倒，你们却不能扶正，你们来辅佐有什么用呢？而且，你刚才的说辞也是不对的！老虎和犀牛从笼子里跑出来，龟甲和美玉在匣子里被毁坏，到底是谁的责任呢？"冉有说："如今颛臾城池坚固，又与季氏的费邑太近。这次如果不能攻占，以后终将成为季氏后代的忧患。"孔子说："冉求啊！君子最厌恶的是口是心非，明明心里这样想的，还一定要给自己找借口。我听说过，拥有国家或是采邑的，不忧患财富少，而忧患分不均，不忧患人贫穷，而忧患不安分。只要分配公平，贫穷就不会有；只要社会和谐，财富就不会少；只要人民安分，政治就不会乱。如果能做到这些，倘若有国外人不信服，便大力倡导道德与文化，吸引他们，只要他们接近，就会安心归服。如今你们两人辅佐季氏，远方的人不信服，不愿前来，国家支离破碎，你们不能保全，还要计谋着发动内乱。我担心季氏之所以要攻打颛臾，真正忧虑的不是颛臾，而是鲁君吧。"

理　解

本篇出自《论语·季氏》，讲述了鲁国季氏准备攻打颛臾国，而孔子的两名弟子未加阻止，孔子为此而批评的故事。

春秋战国时，诸侯之间、大夫之间相互兼并，秩序混乱。当时的鲁国三卿专权，国家支离破碎，一分为四，季氏独霸其二，叔孙氏与孟孙氏各占其一，唯有颛臾忠诚于鲁君。季氏欲攻占颛臾，据为己有，自然是想扩大自己的势力，更是担心日后鲁君凭借颛臾，发难季氏。

春秋处在大变动的时代，权力的再分配必然伴随着严酷的军事斗争，季氏的所作所为，在当时是非常普遍的现象，司空见惯，所以孔子对季氏并没有太多无谓的责备。但是对于冉求与子路，孔子则进行了深刻的批评，这是因为，孔子将社会的希望寄托在君子的身上，然而，平日熏习仁义之道的冉求和子路，在关键时刻意志消沉，非但没有持危扶颠，反而推卸责任，这怎能不让夫子痛心疾首！

孔子主张仁政，即用仁义来治理社会，让每个人都能安分守己，这样才能实现国家的安定；社会要实施公正的分配制度，这样才能保障个人的财富。国家安定了，财富分配公正了，社会才能和谐，民族才能富强，如果再配合道德文化的昌盛，邻国也能安心与诚服。

国 学 常 识

1.颛臾：春秋时期的小国，附属于鲁国，主要任务是祭祀蒙山，后来被楚国所灭。

2.费邑：春秋时期鲁国的一个地方，季氏的采邑。

第五十八课
知行合一

　　爱曰："古人说知行做两个,亦是要人见个分晓,一行(一边)做知的功夫,一行做行的功夫,即功夫始有下落。"

　　先生曰："此却失了古人宗旨也。某(自称)尝说知是行的主意,行是知的功夫;知是行之始,行是知之成。若会得(懂得)时,只说一个知已自有行在,只说一个行已自有知在。古人所以既说一个知又说一个行者,只为世间有一种人,懵懵懂懂(糊里糊涂。懵:音měng)的任意去做,全不解思惟(思维)省察(用心去观察和理解。省:音xǐng),也只是个冥行(盲目去做)妄作,所以必说个知,方才行得是;又有一种人,茫茫荡荡(远大而不实)悬空去思索,全不肯着实躬行,也只是个揣摸影响(空虚不实的东西),所以必说一个行,方才知得真。此是古人不得已补偏救弊的说话,若见得这个意时,即一言而足。今人却就将知行分作两件去做,以为必先知了然后能行,我如今且去讲习讨论做知的工夫,待知得真了方去做行的工夫,故遂终身不行,亦遂终身不知。此不是小病痛,其来已非一日矣。某今说个知行合一,正是对病的药。又不是某凿空(凭空)杜撰,知行本体

144

(本来面貌)**原是如此。今若知得宗旨时，即说两个亦不妨，亦只是一个；若不会宗旨，便说一个，亦济**(对事情有益，能发挥作用)**得甚**(什么，音 shén)**事？只是闲说话。"**

译 文

徐爱说："古人说知与行是两件事，要人把这两件事的道理都弄明白，一边在知上用功，一边在行上用功，这样，功夫才有好的结果。"

王阳明说："这样的说法失去了古人的宗旨。我曾说：知是行的主意，行是知的功夫；知是行的发端，行是知的完成。如果懂得这个道理，虽然只说一个知，其中已经有行在了；虽然只说一个行，其中自然也有知在。古人之所以既说一个知，又说一个行，只是因为世间有一种人，糊里糊涂地任意去做，完全不用心去观察和理解，只是盲目地胡作非为，所以一定要强调知，知了才能真正去行；世间还有一种人只会凭空想象，完全不肯去实践行动，只是在心里揣摸着一些空虚不实的东西，所以一定要强调行，行了才能真正地知。这是古人为了补救人们的偏见和弊端不得已而说的话，如果真正明白这个道理，一句话就足够了。今天的人却还在将知与行分作两件事去做，认为一定先知了，然后再行，要先去讲习和讨论知的工夫，等到真正知了，然后再去行，这样的话，一辈子都不能去行，一辈子也都不能知。这不是一个小毛病，而且由来已久了。如今我说知行合一，正是对症下药。这并不是我凭空杜撰的，知行的本来面貌就是如此。如今若能懂得知行合一的宗旨，即使分别说知与行也无妨，说知或说行，说的都只是一个；如果不懂得这个宗旨，即使说知行合一，又有什么用？只是空谈罢了。"

理　解

本篇文章出自《传习录》，阐述了两种不同的知行观，批评了过去知行分离的错误见解，表达了王阳明知行合一的思想。

知与行相互包含，不可分离。真正的人的行一定是由知作为根本的，没有知的行，是盲目的行，不是真正的人的行；人的知也不是空洞的、虚无的，一定会落实到人的行中，不能落实为行的，是空想、幻想，而不是真正的知。王阳明认为，人本身就是知行一体的，人有知，有良心、良知，人还能行，有行动的能力。知与行在人的身体上是同时发挥作用的，没有离开知的行，也没有离开行的知。所以，人们在学习、工作和生活中，要将知行合一贯彻下去，既不做空洞的玄想，要切实地将良心、良知作用在万事万物之中，也不去盲目行动，要学会用心，明觉精察，且知且行。

国 学 常 识

1.王阳明：又叫王守仁，字伯安，浙江绍兴人，曾筑室于会稽山阳明洞，自号阳明人，学者称之为"阳明先生"，也称"王阳明"。王阳明是明代著名哲学家、文学家和军事家，心学的集大成者，对中国乃至世界都产生了深远影响。

2.徐爱：字曰仁，号横山，明代哲学家，浙江余姚人，王阳明最早的入室弟子之一。

第五十九课

心 外 无 理

爱问："至善只求诸心，恐于天下事理有不能尽。"

先生曰："心即理也。天下又有心外之事，心外之理乎？"

爱曰："如事父之孝，事君之忠，交友之信，治民之仁，其间有许多理在，恐亦不可不察。"

先生叹曰："此说之蔽(遮挡，蒙蔽)久矣，岂一语所能悟！今姑(姑且，暂且)就所问者言之：且如(假如)事父不成，去父上求个孝的理？事君不成，去君上求个忠的理？交友治民不成，去友上、民上求个信与仁的理？都只在此心，心即理也。此心无私欲之蔽，即是天理，不须外面添一分。以此纯(专一)乎天理之心，发(施展)之事父便是孝，发之事君便是忠，发之交友治民便是信与仁。只在此心去人欲、存天理上用功便是。"

爱曰："闻先生如此说，爱已觉有省悟处。"

147

译 文

徐爱说："按先生的说法，最高的善只要在心中求就可以，这样恐怕无法穷尽天下事情的道理吧。"

王阳明说："心中就有理。天下怎么会有心之外的事情和心之外的道理呢？"

许爱说："比如侍奉父母要孝敬，侍奉君王要忠诚，与朋友交往要讲信誉，治理人民要仁爱，这中间都有许多道理在，恐怕都要一一明察吧。"

王阳明感叹道："这种说法蒙蔽了人们太久了，岂能一句话就让你领悟啊！我姑且就你所问的来谈一谈：假如侍奉父母不能尽孝，难道要在父母身上去寻找孝敬的道理？侍奉君王不能尽忠，难道要在君王身上去寻找忠诚的道理？与朋友交往不能讲信誉、治理人民不能仁爱，难道要在朋友身上寻找信誉、在人民身上寻找仁爱的道理吗？这些道理都只存在于心中，心中自然有道理。如果内心不受私欲的遮蔽，心就是天理，不必再从心之外增添一分作用。就这样专一于天理之心，将心施展在侍奉父母上便能尽孝，施展在侍奉君王上便能尽忠，施展在交友、治民上便能做到诚信与仁爱。只要在心上用功，去除私欲、保存天理就可以了。"

许爱说："听到先生这样说，我已经有所领悟了。"

理 解

本篇出自王阳明的著作《传习录》，通过他与弟子徐爱之间的问答，阐述了心外无理的思想。

宋代理学家认为，万事万物之中皆有道理，人们的心可以求得道理，所以心要在事物中求道理，离开了事物，心便没有了认识的对象，心自身是无法产生道理的。明代时，王阳明主张心学，认为事物之中本来是没有道理的，道理只存在于心中，心不在事物中求道理，而是心就是道理，将心中的道理作用于事物之上，事物才有道理可言。王阳明心即是理的观点,虽然有否定客观规律存在的思想倾向,但也给人们许多启迪。做事情需要用心,如果不用心,事情做得再多,也是无益,就好像读书,读书要用心,三心二意,心不在焉,光摆出读书的样子,是没有效果的。要想用心,就得培养心灵,心灵的培养要专心致志,保持纯洁、恒定,不要让心受到情欲的影响。

国 学 常 识

1.理学:又称"道学",是中国两宋时期产生的主要哲学流派,主要代表人物有程颢、程颐、张载、杨时、朱熹等。

2.心学:宋明时期产生的主要哲学流派。心学与理学的思想都可以追溯到先秦儒家,尤其是孟子。南宋哲学家陆九渊正式创立心学,明代的王阳明全面阐发了心学要旨,对中国乃至世界产生了深刻影响。

第六十课
道之所在

　　长沮、桀溺耦(二人并肩耕地,音ǒu)而耕,孔子过之,使子路问津(渡口)焉。

　　长沮曰:"夫执舆(车马,音yú)者为谁?"子路曰:"为孔丘。"曰:"是鲁孔丘与?"曰:"是也。"曰:"是知津矣。"问于桀溺。桀溺曰:"子为谁?"曰:"为仲由。"曰:"是鲁孔丘之徒与?"对曰:"然。"曰:"滔滔(水流滚滚不绝的样子,形容混乱)者,天下皆是也,而谁以易(改变)之?且而,与其从辟(同"避",躲避)人之士也,岂若(不如)从辟世之士哉!"耰(耕种,音yōu)而不辍(停止)。

　　子路行以告。夫子怃然(失望的样子)曰:"鸟兽不可与同群,吾非斯人之徒与(和,跟)而谁与?天下有道,丘不与易也。"

 译　文

　　长沮、桀溺两人在田地里并肩而耕,孔子经过此处,让子路向两人打听前往渡口的路。长沮说:"那个驾车的人是谁?"子路回答道:"孔丘。"长沮问:"是鲁国的孔丘吗?"子路答道:"是的。"长沮说:"他知道路在哪里。"子路于是又去问桀溺。桀溺说:"你是谁?"子路回答说:"我是子路。"桀溺又问:"是鲁国孔丘的弟子吗?"子路答道:"是的。"桀溺说:"如今天下一片混乱,你们能和谁一同去改变呢? 你啊,与其跟着孔丘躲避坏人,不如跟着我们躲避整个社会吧。"说完,两人只顾埋头覆土盖种。

子路离开两人,告诉了孔子。孔子失望地说:"人生在世,我不能与鸟兽同群,不与人们同群,又和谁同群呢? 如果天下有道,我就不必和你们一同去改变了。"

理　解

本篇出自《论语·微子》,讲述了孔子周游列国时发生的一个故事。孔子让子路问路,结果遇到长沮和桀溺两位隐士,二人嘲笑孔子,认为孔子四处弘道,为何连路都不识,于是不肯告知,反而还劝说子路与他们一同隐居。他们的对话引发了孔子的感慨。

孔子认为,人有人的责任与使命,此谓人道。所以,当遇到社会的混乱,君子不能为了自己的安危而逃避乱世,而应主动地承担起人道的责任,当仁不让,舍我其谁。如果人人都归隐起来,不问世事,这个世界又怎么会好呢? 孔子与弟子们的努力虽然只是星星之光,但正是这一道曙光,成为明暗交替的根本转机。

在革命年代,无数英勇的战士明知敌人在前,却不畏牺牲,冲锋陷阵,用自己的身体堵住敌人的枪眼、炸掉敌人的碉堡,正是因为有这些伟大英烈们,才换来如今我们美好的生活,这种精神正源自于孔子,是中国传统仁者精神的体现。

国学常识

1.子路:仲由,字子路,又字季路,春秋时期鲁国人,孔子的弟子,以政事见称,为人正直,好勇力,与颜回、闵子骞、冉伯牛、仲弓、宰我、子贡、冉有、子游、子夏合称"孔门十哲"。